CONFIANC

Essai de Psychologie militaire

PAR

le Capitaine CONSTANTIN

DU 6ᵉ RÉGIMENT DE CUIRASSIERS

PARIS

LIBRAIRIE MILITAIRE R. CHAPELOT ET Cⁱᵉ

IMPRIMEURS-ÉDITEURS

30, Rue et Passage Dauphine, 30

—

1908

LA CONFIANCE

Essai de Psychologie militaire

PARIS. — IMPRIMERIE R. CHAPELOT ET Cᵉ, RUE CHRISTINE, 2.

LA
CONFIANCE

Essai de Psychologie militaire

PAR

le Capitaine CONSTANTIN

DU 6e RÉGIMENT DE CUIRASSIERS

PARIS

LIBRAIRIE MILITAIRE R. CHAPELOT ET Cⁱᵉ

IMPRIMEURS-ÉDITEURS

30, Rue et Passage Dauphine, 30

—

1908

AVANT-PROPOS

En Allemagne, dans le parti même où l'on rêve le plus d'un changement complet du gouvernement et de la société, il n'y a pas un homme qui ne se déclare prêt à prendre les armes pour la grandeur de la patrie[1]. Dans

------

[1] « Nous sommes prêts à remplir envers la patrie exactement les mêmes devoirs que les autres citoyens. »

AUER (au Reichstag, octobre 1890).

« Eh bien ! moi, je déclare que quand il s'agit de la défense de la patrie, tous les partis sont unis, que quand il s'agit de se défendre contre un ennemi étranger, aucun parti ne restera en arrière. »

LIEBKNECHT (au Reichstag, mai 1891).

« En cas de guerre, chaque socialiste mettrait le fusil sur l'épaule. »

NOSKE (au Reichstag, mai 1907).

« Nous avons besoin du pays où nous sommes nés, du sol sur lequel nous vivons et de la langue que nous parlons, pour faire de notre patrie le plus beau et le plus parfait des pays qui soient au monde. »

BEBEL (au congrès d'Essen, septembre 1907).

« Le fait que la *Sozialdemocratie* exige toujours davantage de l'Empire, le fait qu'elle coopère à l'action législative, le fait qu'elle a sa part dans l'augmentation des productions de tous ordres comme dans le développement du fonctionnarisme, ont forcément pour conséquence la déclaration qui a été faite par ses représentants que, en cas de nécessité, elle se lèverait pour défendre l'indépendance et l'intégrité de l'Empire contre la violence de l'étranger. »

ED. BERNSTEIN ; *Patriotismus, Militarismus und Sozialdemocratie* (Sozialistische Monatshefte, juin 1907).

Toutes ces affirmations n'expriment-elles pas nettement la pensée même qu'en juin 1904 le député socialiste italien Colajanni énonçait,

la République helvétique, malgré les traités qui en garantissent la neutralité, les citoyens viennent de s'imposer allègrement une augmentation de leurs charges militaires, afin de mieux assurer le respect de son sol et la défense de sa liberté. Dans quelques États, les paroles des hommes au pouvoir expriment l'intention de réduire les armements ; en fait, la Suède augmente son armée, la Chine réorganise la sienne, le Japon, les États-Unis, l'Empire allemand ne cessent d'accroître leur marine, l'Angleterre vient de dépenser des sommes énormes pour sa flotte [1] et elle songe à adopter le service personnel obligatoire pour ses forces de terre ; sur la question du désarmement, la deuxième conférence de La Haye n'aboutit qu'à des vœux platoniques et, pas plus que la première, elle ne peut établir une réglementation efficace de l'arbitrage.

En France, malgré l'incorporation des demi-bons et des malingres, la nouvelle loi sur le recrutement a fait baisser les effectifs des corps de troupe ; on craint que pour certaines armes, la diminution du temps de service légal ne fasse diminuer encore plus la qualité que la quantité, et voici que l'antimilitarisme, l'antipatriotisme même se répandent de plus en plus dans les classes populaires, jadis si patriotes, pénètrent dans toutes les classes de la société et jusque dans l'armée. Préoccupé de cet égarement de tant d'esprits, moins souvent haineux et égoïstes qu'éperdus de rêve et d'irréelle équité, un écrivain militaire qui s'est beaucoup inquiété de l'éducation du soldat, le commandant Manceau, a pensé

---

lors de la discussion du budget, en disant : « La force militaire doit être subordonnée au principe général qui dirige la politique de l'État ; on ne peut mettre la patrie en danger pour des idées. »

[1] 31,5 millions de livres sterling en 1900, 32 millions de livres sterling en 1906, alors qu'en 1883, elle n'en a dépensé que 11,4 et qu'en 1893 elle n'en a encore dépensé que 19,7.

comme plusieurs autres officiers qu'il a valent décidé [illegible]
que les pages suivantes pourraient être de quelque utilité
pour de jeunes lieutenants et il en a conseillé la publica-
tion.

Récemment, il m'a été donné d'exposer dans un
ouvrage d'allure plus sévère [1] comment, en dehors de
toute considération sentimentale, des raisons très posi-
tives, à la fois anthropologiques, linguistiques, historiques, géographiques, économiques et morales conduisent
logiquement, dans l'intérêt même de l'humanité, à dési-
rer le bien de notre pays et à ne pas souhaiter l'institution d'une cour d'arbitrage à laquelle seraient soumis
obligatoirement tous les conflits internationaux. Les résu-
mer simplement, sans les discuter, afin de bien mettre en
lumière toute leur puissance et toute leur vérité, ce serait
vouloir substituer un acte de foi très long et peut-être
confus à celui que l'inscription de nos drapeaux sait
faire en ces trois mots : Honneur et Patrie. L'étude présente n'est donc pas destinée à réfuter les doctrines
funestes dont les progrès viennent d'être déplorés. Elle
ne traite guère que des vertus guerrières et de la manière
de les développer chez l'homme de recrue. Elle attribue
d'autant plus d'importance à cette tâche qu'aujourd'hui
comme autrefois les forces morales ont toujours au combat la prépondérance sur l'armement et le nombre ; et
cela à un tel point que le général Langlois, qui l'a vu
mieux qu'aucun autre, a pu tirer de leur rôle dans la guerre
russo-turque et dans la guerre sud-africaine un certain
nombre d'enseignements dont la campagne de Mandchourie a prouvé l'exactitude [2]. Les soldats de Skobeleff,
les burghers de Botha et de Dewet, les marins japonais

---

[1] *Le Rôle sociologique de la guerre et le Sentiment national*, Paris,
1907, F. Alcan.
[2] Cf. Général H. LANGLOIS, *Enseignements de deux guerres récentes.*

qui se firent couler pour embouteiller la flotte russe à
Port-Arthur, les soldats qui furent vainqueurs à Liáo-
Yang et à Moukden, ceux qui sur la colline Poutylof
et dans le cimetière de Bezimianny sauvèrent le renom
des armes moscovites, n'eurent besoin d'aucun raisonnement pour aimer leur patrie par-dessus tout ; c'est d'instinct qu'ils écoutèrent les inspirations de l'honneur militaire et obéirent aux chefs qu'ils étaient accoutumés à
suivre comme des guides dignes de confiance par leur
caractère, leur intelligence et leur savoir. Nos soldats en
avaient fait autant autrefois de Valmy à Waterloo, puis en
Crimée, en Italie, au Mexique, à Frœschwiller et à Loigny.
Ces jours-ci à Casablanca, les escadrons du lieutenant-
colonel Halna du Frétay ont encore montré le même
élan que les cuirassiers de la Moskowa ou de Montmirail,
que les cavaliers d'Isly, de Morsbronn et de Sedan. Mais
si le goût de la gloire et des belles actions est loin de
s'éteindre en France, l'amour pour la patrie dont on
n'apprend plus l'histoire héroïque, est moins vif qu'autrefois, et des symptômes d'indiscipline ont apparu dans bien
des corps de troupe de la métropole et même de nos plus
lointaines possessions coloniales. Il y a là une cause de
faiblesse pour l'armée, une cause de périls pour le pays.
Le modeste essai qui suit a uniquement pour but d'indiquer quelques moyens d'y remédier. Ce n'est qu'un travail d'hiver écrit il y a près de huit ans, et qui alors pouvait passer pour trop aventuré en quelques points,
qui aujourd'hui semblera peut-être à certains un peu
rétrograde en quelques endroits. Mais tel qu'il est, il
exprime une conviction intime qui a été confirmée par
l'expérience de plusieurs années. De celles-ci, les unes
ont été passées en qualité d'officier de peloton à instruire
des recrues, soit avec le système d'instruction par peloton, soit avec le système d'instruction par demi-escadron,
ou à diriger le dressage des jeunes chevaux, ainsi qu'à
faire des théories de toute espèce aux élèves-brigadiers

et aux gradés de mon escadron ; les autres ont été employées dans des fonctions correspondant à un grade plus élevé, et qui, pour être moins attachantes que celles d'instructeur et surtout d'éducateur de l'homme de recrue, n'en ont pas moins permis bon nombre d'observations.

Cette conviction dont je viens de parler et qui s'appuie en quelque sorte sur l'expérimentation, je voudrais la faire partager à mes camarades, capitaines et lieutenants, bien que n'espérant pas qu'ils puissent toujours mettre complétement mes idées en pratique. Des opinions légèrement différentes, étayées elles aussi par de bonnes raisons, auront en effet été parfois si nettement, si ouvertement affirmées par leurs supérieurs directs, devant eux et devant leurs subordonnés, que, même s'ils étaient le plus intimement persuadés de la justesse de mes remarques et de mes conclusions, ils se trouveraient dans l'obligation morale de n'en pas tenir compte, de peur de porter atteinte à la discipline. Cela m'empêcherait de les énoncer si, dans ses préliminaires, le décret de mai 1899 sur les manœuvres de la cavalerie ne disait pas après comme avant les modifications de septembre 1904, du *Règlement* lui-même, qu'il « *n'est qu'un guide qui ne dispense personne de penser et de vouloir* ».

LA CONFIANCE

Essai de Psychologie militaire

> « L'effet moral est pour les trois quarts dans la puissance de la cavalerie. » (DE BRACK.)
>
> « Seul a l'esprit cavalier celui qui, dans un corps fidèle, a une âme intrépide et qui, confiant en la vigueur de son bras, en son cheval qu'il aime et soigne plus que lui-même, est en toutes circonstances capable d'une décision rapide, aussitôt exécutée que conçue. Un tel homme ne connaît rien de difficile, l'offensive est son élément et, s'il recule, la retraite n'est pour lui que le meilleur moyen de revenir à l'attaque avec plus de chances de victoire. »
>
> *(Préface du Règlement de manœuvres pour la cavalerie autrichienne.)*

PREMIÈRE PARTIE

Des facteurs moraux à la guerre d'après Napoléon et de Moltke.

Malgré les nombreuses fautes tactiques et stratégiques commises dans la compagne d'Italie, nous y avions battu les Autrichiens; aussi, après 1859, comme après la guerre de Crimée, était-on persuadé dans l'armée française qu'il suffisait d'aller hardiment de l'avant pour être toujours victorieux. Se bornant, dans toutes les armes, à un examen superficiel des faits, on en tirait des déductions fausses. Parce qu'en atteignant les soutiens et les réserves

de l'ennemi, les feux d'artillerie, quoique mal ajustés,
avaient été efficaces, les artilleurs concluaient à l'inutilité
de régler leur tir. Ne tenant pas compte de la lourdeur
et de la vulnérabilité des formations autrichiennes, dans
les autres armes on ne faisait fond que sur l'élan individuel du soldat français, et l'on considérait la science militaire comme un lest plus nuisible qu'utile.

La guerre de 1870 survint ; nous fûmes écrasés sous la
masse de l'armée allemande dont les mouvements toujours coordonnés, toujours minutieusement réglés, semblaient pour ainsi dire s'enchaîner les uns aux autres,
sans que les hasards de la campagne pussent troubler
leur succession judicieusement déduite de la connaissance
des deux armées, de leurs moyens d'action, des circonstances de temps et de terrain. Après avoir été regardée
comme le gage certain de la victoire, la bravoure individuelle parut alors une quantité pratiquement négligeable.
Le nombre, l'armement, l'organisation matérielle et l'instruction furent considérés comme les seuls facteurs du
succès. Par une inconséquence fréquente dans les opinions qui prévalent sur l'esprit des foules et du grand
public, on crut dans la population civile aux légendes
qui se formèrent autour des combats soutenus par les
armées de la Défense nationale ; on magnifia les actes des
héros de la défaite, plus qu'on n'avait jamais glorifié les
hauts faits de troupes victorieuses ; on raconta qu'à Reichshoffen et à Gravelotte, les officiers allemands n'avaient
pu faire marcher leurs hommes qu'à coups de plat de
sabre, et en même temps l'on vit un des vainqueurs de
Sedan en ce fameux maître d'école prussien qu'on pré-
tendait déjà avoir gagné la bataille de Sadowa.

Parce qu'elle avait été vaincue, l'armée impériale, avec
son système d'exonération et de remplaçants, parut n'être
qu'un archaïsme maintenu uniquement par suite de conceptions surannées. Pourvu qu'elle sût lire et manier ses
armes, pourvu aussi qu'elle eût des chefs savants, la

nation armée, même sans éducation militaire, sembla devoir être invincible et devint l'idéal qu'en dehors de l'armée l'on rêva un peu partout pour assurer l'intégrité et l'indépendance de la patrie. Tandis que la France adoptait le service obligatoire par la loi de 1872, ces théories pénétraient peu à peu dans les milieux militaires, où bientôt l'on fut convaincu qu'avec les procédés de guerre moderne la valeur du soldat n'était plus qu'accessoire. Aussi, malgré l'excitation passagère produite par les paroles et les actes de certains généraux cocardiers, comme le général Boulanger, lorsque le colonel Lyautey, alors capitaine, publia son étude sur *le Rôle social de l'officier*[1], y eut-il un assez vif et général étonnement. Si l'on admit à peu près qu'une troupe mieux en main, moins instruite, valait mieux qu'une troupe mieux instruite, mais moins en main, l'idée qu'un officier de cavalerie devait s'occuper autant de l'esprit de ses hommes que du caractère de ses chevaux parut à beaucoup tout au moins singulière.

Cependant, l'importance des forces morales apparaît clairement dans toutes les circonstances de la guerre, à l'officier qui, voulant véritablement être un chef, cherche dans l'histoire militaire des enseignements le préparant à exercer pour le mieux, en campagne comme en garnison, le commandement auquel il est appelé.

Point n'est besoin pour s'en convaincre de remonter jusqu'à l'antiquité, ni même à l'époque où les guerres duraient des années et consistaient surtout comme sous Louis XIII et Louis XIV à s'emparer de places fortes, ou comme sous Louis XV et Frédéric à combiner des mouvements géométriques par lesquels certains généraux espéraient la victoire sans bataille. Il suffit d'étudier un instant le rôle des forces morales à l'époque contempo-

---

[1] *Revue des Deux Mondes*, 15 mars 1891.

raine, c'est-à-dire à celle où, avec Napoléon, la guerre a
recouvré un caractère de violence depuis longtemps
oublié et a repris pour but l'anéantissement de l'adversaire, à celle où elle s'est faite avec des masses considérables d'abord avec l'Empereur, puis avec de Moltke, le
premier qui ait fait véritablement emploi de la nation
armée. N'ayant pas eu l'occasion de faire campagne, je
risquerais de m'égarer et de me perdre dans l'anecdote
ou le détail futile, si de prime abord je voulais juger par
moi-même la valeur des forces morales à la guerre. Aussi
m'en rapporterai-je surtout à l'opinion des deux grands
capitaines que je viens de citer.

Depuis la fameuse proclamation dans laquelle, jeune
général, il promet en Italie honneur, gloire et richesse
à ses soldats, jusqu'à celle où, empereur inquiet pour son
trône reconquis, il fait, lors de la cérémonie du Champ
de Mai, appel au dévouement du peuple français, les
harangues de Napoléon sont trop connues pour que je
m'y arrête. Ne pourrait-on craindre, du reste, qu'elles
fussent jaillies seulement de l'impérieux besoin de parler,
de l'amour du verbe sonore et de la phraséologie pom-
peuse, si communs pendant la période révolutionnaire?
Il est donc plus intéressant et plus sûr à la fois de suivre,
à travers sa carrière, la pensée de celui qu'on a appelé
le dieu de la guerre, et de voir si les faits concordent bien
avec les idées.

Peu après sa véhémente apostrophe aux soldats de
l'armée d'Italie, Bonaparte, *qui sait combien les conceptions stratégiques de ses adversaires sont peu hardies*, va
se placer entre les Autrichiens et les Piémontais. Tout
de suite, il se tourne contre ces derniers, convaincu que,
s'il réussit contre Argenteau, Colli, *le plus timide* de tous,
aura peur de découvrir le Piémont et, au lieu de se
rallier à Beaulieu, lui donnera l'occasion de battre les
trois groupes ennemis l'un après l'autre.

Un mois après, les Autrichiens sont en retraite et com-

mencent à se démoraliser. Mais si l'on peut en croire la
correspondance de Bonaparte avec le Directoire, une
rupture avec le Piémont est encore possible, malgré l'armistice de Cherasco. Par suite, la situation reste grave.
Il faut, au plus vite, achever la défaite de Beaulieu, qui
vient de s'arrêter sur l'Adda. Pour cela, le général français veut exercer *une action morale décisive* sur lui, et,
bien qu'il puisse tourner Lodi, il exécute cette téméraire
attaque, dont un des meilleurs théoriciens de la guerre
moderne, Clausewitz, dit qu'aucun fait d'armes n'avait
jamais soulevé en Europe autant d'étonnement, ajoutant
que ceux qui blâment cette opération au point de vue
stratégique se trompent, car la stratégie obéit autant à
des *influences morales* qu'à des lois géométriques[1].

Un peu plus tard, après trois jours de combats livrés
sur les chaussées et les ponts de l'Alpone, les Autrichiens
tiennent encore dans Arcole. Mais Alvinzy *croit seulement
pouvoir résister à la rigueur à une nouvelle attaque*[2]; le
moment est venu « où la plus petite manœuvre décide et
donne la supériorité ; c'est la goutte d'eau qui fait
déborder le trop-plein[3] ». Et, sur le point de passer à
l'offensive générale, Bonaparte envoie 50 cavaliers avec
des trompettes sur les derrières des défenseurs d'Arcole,
pour leur *faire croire* à une grande charge de cavalerie
et *ébranler leur moral*. Nos ennemis abandonnent le pont
d'Arcole, et bientôt après ils se retirent du champ de
bataille le plus disputé qui ait jamais été[4]. Dès lors le
prestige est créé et il ne fera que s'accroître. Aussi, en
mai 1797, ni la Piave, ni le Tagliamento, ni l'Isonzo ne

---

[1] CLAUSEWITZ, *La Campagne de 1796 en Italie* (Trad. Colin), Paris
1899, Chapelot.
[2] Lettre d'Alvinzy à Davidovitch, 17 novembre 1796.
[3] NAPOLÉON, *Précis des guerres de Jules César.*
[4] Lettre de Bonaparte à Carnot, Vérone, 17 novembre 1796.

seront des fossés assez larges pour que, derrière eux, les Autrichiens essayent d'arrêter les soldats de Bonaparte. Bientôt même ceux-ci auront acquis un tel ascendant qu'en décembre 1800 le comte de Bellegarde, à Pozzolo et Mozembano, ne pourra empêcher Brune de franchir le Mincio, et qu'en octobre 1805 l'archiduc Charles lui-même ne disputera pas longtemps à Masséna le passage de l'Adige, malgré ses retranchements de Caldiero et de Colognola.

Si nous suivions à peu près d'un bout à l'autre la campagne de Marengo, comme nous l'avons fait pour celle de 1796, nous verrions encore, quoique moins nette-ment, le Premier Consul exalter par tous les moyens les énergies de ses troupes et en même temps exploiter la faiblesse morale de ses adversaires, qu'il déconcerte par l'audace de ses mouvements.

En 1805, au moment d'entreprendre sa grande expé-dition contre l'Angleterre, Napoléon apprend qu'une nouvelle coalition s'est formée contre la France. Il porte rapidement son armée en Allemagne, décidé qu'il est à écraser tout d'abord Mack, dont il méprise la prétentieuse médiocrité, et que, de plus, il sait malheureux. Mais pour avoir fini avec lui avant l'arrivée des Russes, il est néces-saire d'aller vite et, pour que le 4e corps puisse déborder l'ennemi qui est à Ulm, il va être indispensable qu'il marche douze heures de nuit. Sachant de quel invincible amour de la patrie et de la gloire ses soldats sont animés et quel dévouement sans bornes ils ont pour lui, l'Empereur s'adresse à leurs passions les plus nobles et il écrit à Soult[1] : « *Dites-leur que s'ils veulent se battre, il faut qu'ils soient à Memmingen demain avant 9 heures du matin, sans quoi ils ne seront pas à la bataille.* »

En 1812, lors de la manœuvre de Wilna, c'est autant

---

[1] 12 octobre 1805.

par des moyens moraux que par la démonstration de Schwartzenberg et du prince Jérôme que Napoléon cherche à immobiliser l'armée de Wolhynie. En 1813, en 1814, on retrouve toujours chez lui le souci constant d'agir sur l'imagination de ses troupes et sur celle de l'ennemi. Jusqu'à la fin de sa vie, son esprit, à la fois si calculateur et si imaginatif, reste occupé de créer l'opinion et d'en tirer parti. « *L'opinion*, dit-il, *est pour moitié de la réalité*[1]. » — « Lorsqu'on est induit à parler de ses forces, on doit les exagérer et les présenter comme redoutables, en en doublant ou en triplant le nombre ; lorsqu'on parle de l'ennemi, on doit diminuer sa force de la moitié ou du tiers ; *dans la guerre tout est moral*[2]. » — « Un des premiers principes de la guerre est d'exagérer ses forces et non de les diminuer[3]. »

C'est donc avec raison qu'en parlant de la stratégie napoléonienne, le général Bonnal a pu dire que les procédés de guerre mis en œuvre par Napoléon furent scientifiques en ce sens qu'ils résultaient toujours d'un calcul de forces *morales* et matérielles appliquées dans des conditions de temps et d'espace nettement établies.

---

[1] Autant que la clairvoyance de son génie, l'expérience personnelle en avait convaincu Napoléon, dès le début de sa carrière. Bien qu'il sût déjà quelle puissance d'intimidation, parfois peu justifiée, possède un nom glorieux, en 1797, il fut troublé dans ses calculs stratégiques par la renommée de l'archiduc Charles : tout comme en 1814, dans la campagne de France les Alliés furent souvent retardés dans leurs opérations par le seul prestige de ses victoires passées. La preuve en est fournie par une lettre qu'il écrivit au Directoire et où il dit : « Jusqu'à cette heure le prince Charles a plus mal manœuvré que Beaulieu et Wurmser ; il a fait des fautes à tous les pas, et d'extrêmement grossières ; il lui en a coûté beaucoup, mais il lui en aurait coûté bien davantage *si la réputation qu'il avait ne m'en avait imposé jusqu'à un certain point...* ». Goritz, 23 mars 1797.

[2] Lettre à Clarke, 10 octobre 1809.

[3] Lettre à Savary, 19 février 1814.

Avec son visage froid et impassible de puritain rigide, avec son attitude figée, sa physionomie peu sympathique, son cœur sec[1], son esprit uniquement positif, le maréchal de Moltke n'était pas fait pour adresser aux troupes des harangues enflammées, ni pour inspirer par sa présence à de lourds Germains l'ardeur irrésistible que le vainqueur des Pyramides savait communiquer à ses bataillons. Mais nul plus que lui peut-être n'eut le souci de la préparation morale à la guerre. *Il était persuadé que l'armée était « un heureux et puissant facteur de l'éducation du peuple allemand »*. Bien que sa croyance aux enseignements de Luther fût très grande, il voyait surtout dans la religion le meilleur moyen de rendre le soldat fidèle à son devoir jusqu'à la mort. Il posa en principe que la discipline devait résulter d'une bonne éducation militaire, dont le but est uniquement de la faire passer dans la chair et dans le sang[2]. Enfin si, comme le prétend le général prussien Rüchel, l'esprit de l'armée est tout entier dans les officiers, il exerça sur l'armée allemande une influence éducative considérable. Si fortes, en effet, que puissent être les habitudes morales que les officiers du royaume de Prusse doivent à leurs familles, aux écoles de cadets, aux écoles de guerre, aux traditions régimentaires et à l'institution des jurys d'honneur, il paracheva leur éducation par la direction qu'il donna à leurs esprits comme à tous les organes du commandement. Avant lui, l'Académie de guerre de Berlin était déjà orientée dans un sens pratique, et l'une des conditions essentielles pour y être admis était d'avoir fait preuve d'un *caractère ferme*. Mais ce fut sous son inspiration que le général von Peuker donna ses fameuses instructions où, dans la méthode d'enseignement, il chercha, par l'application des prin-

---

[1] Égoïste même, dit von der Goltz, dans la *Nation armée*.
[2] Eingelebt.

cipes à des cas concrets, plus encore à *tremper la volonté* qu'à exercer le raisonnement.

Ce n'est pas d'ailleurs seulement au point de vue théorique que le maréchal de Molkte s'inquiéta de la puissance du moral à la guerre. En 1866, c'est l'effet désastreux qu'aurait produit sur l'opinion publique une irruption autrichienne en Silésie qu'il donna comme motif du fractionnement des forces prussiennes au début de la campagne. Et si l'on ne voyait là qu'une excuse destinée à couvrir la faute commise par son maître, le roi Guillaume, on reconnaîtrait vite, en se reportant à la campagne de France, que sa prudence était doublée d'une notion très exacte de l'importance des facteurs psychiques. Car une fois que notre patrie épuisée n'avait plus, vers la fin de la guerre, que des bandes affamées et sans confiance à opposer à l'envahisseur, il cesse d'hésiter devant les solutions hardies et envoie Manteuffel exécuter la marche aventureuse qui accule l'armée de l'Est à la Suisse. Enfin, comme les poursuites acharnées que prescrivit Napoléon après Iéna et tant d'autres de ses victoires ; les exécutions sommaires de nos francs-tireurs faits prisonniers ; l'envoi de notables sur les locomotives dans les régions présumées dangereuses ; les incendies d'Ablis, de Fontenoy, de Châteaudun ; les bombardements de Phalsbourg, Bitche, Toul, Verdun, Strasbourg, Belfort, Paris, tous commencés au fameux *moment psychologique*, qu'est-ce donc, si ce ne sont des moyens employés dans le but de terroriser l'adversaire et de briser en lui toute force morale ?

L'importance que les deux plus grands capitaines du siècle passé attribuaient au rôle joué à la guerre par ce que Bismarck appelait les « *impondérables* », vient d'être montrée. Il n'est plus guère besoin de rappeler quelle part, d'après Charras et la plupart des historiens, le patriotisme de l'Allemagne, « *saisie d'enthousiasme et de fureur* », eut, de 1813 à 1815, dans les victoires de nos

ennemis. Il n'est guère utile non plus de mentionner tout
ce qu'Ardant du Picq a dit de l'influence que les sentiments de courage et de peur n'ont cessé d'avoir sur le
sort des combats. Il semble tout naturel d'admettre avec
le prince Frédéric-Charles, le meilleur collaborateur, du
reste, du maréchal de Moltke, que « *la force morale est
supérieure à la force physique*[1] », et de conclure par ces
mots de Dragomirow : « Donnez-moi des soldats bien
décidés à se faire casser la tête, et je me charge de faire
de la bonne tactique ».

------

[1] Dans l'*Art de combattre l'armée française*.

Du courage, de la discipline et de la confiance.

Les sentiments capables de déterminer le soldat à affronter la mort ou à supporter les pires privations sont assez nombreux. Toutefois, comme par leurs manifestations extérieures ils semblent n'être que les composantes de ces deux résultantes : le courage et la discipline, les deux séries de phénomènes psychiques qu'ils constituent seront envisagées ici dans leur ensemble plutôt que dans la multiplicité des mobiles, des penchants et des volitions, des impulsions instinctives et des inhibitions dont elles sont formées.

Rien qu'au point de vue militaire, le courage se présente sous des formes bien dissemblables. Les divers noms qu'on lui donne sont une preuve que depuis l'élan jusqu'à l'audace, depuis le sang-froid jusqu'à la résolution, il diffère non seulement par son apparence, mais encore par sa nature même, et qu'on peut voir en lui tour à tour un mouvement ou un état de l'âme.

Tel qui saura se précipiter dans les rangs ennemis, sera incapable de demeurer en place lorsque les balles tomberont à ses côtés ; tel autre pourra réfléchir sous une pluie d'obus à la décision qu'il doit prendre, mais n'aura pas l'allant voulu pour culbuter à l'arme blanche une poignée d'ennemis. Au milieu des plus graves périls, tel autre, suivant le cas, gardera pour ce qui est de sa personne un calme imperturbable ou sera animé de la fougue la plus impétueuse, mais n'aura pas la force morale

Constantin.2

nécessaire pour jeter dans la bataille les réserves qui décideraient du succès.

Différent suivant les hommes, les armées et les peuples, le courage est encore variable chez le même individu suivant l'attitude de ceux qui l'entourent, suivant les événements qui viennent de se produire, suivant même les seules dispositions où se trouvent temporairement son esprit et son corps. Il y a tant d'exemples de guerriers qui furent tantôt presque timides et tantôt téméraires; tant d'exemples de troupes qui après avoir montré bien des fois une rare intrépidité se laissèrent emporter par des terreurs paniques, puis de nouveau firent preuve de la plus extrême bravoure, qu'il serait superflu d'insister sur ce point[1].

Quoi qu'il en soit, l'on peut dire que les éléments constitutifs du courage sont de deux sortes : les uns plus particulièrement physiques et irraisonnés, les autres exclusivement moraux et résultant de tout un ensemble de réflexions. Ces éléments se pénètrent les uns les autres dans les profondeurs de notre inconscient, et dans une certaine mesure ils se commandent mutuellement, si bien que d'habitude nous ne les distinguons pas entre eux et que nous rapportons leurs effets à une impulsion, une tendance ou un instinct unique.

L'ignorance du danger ; la griserie de déployer ses forces ou son adresse ; le déchaînement d'une passion sous un afflux de sang au cerveau qui concentre la pensée sur un seul objet ; une réaction émotionnelle exaltant toutes les forces et poussant violemment à détruire l'ennemi qui menace, ou au contraire une impassibilité nerveuse qui permet à l'esprit de s'abstraire et de fonctionner même au milieu des périls ; voilà à peu près quels sont les premiers.

---

[1] Voir à ce sujet : *Les Réalités du combat*, par le général DAUDIGNAC.

Les seconds sont bien plus divers, ils sont aussi plus complexes. Ils proviennent plus ou moins directement des sentiments de l'honneur et du devoir; de l'orgueil collectif ou individuel; des passions altruistes comme l'amour de la patrie ou de la famille; de *la conviction* qu^ la cause pour laquelle on se dévoue est juste et noble; de *la croyance* à l'utilité de ses efforts; de *la persuasion* que les sacrifices consentis sont nécessaires; de *la confiance* dans le succès final; de la soumission volontaire à certains principes de conduite et à l'observance rigoureuse de leurs impératifs.

Au sens réglementaire et un peu superficiel où l'on entend ce mot, la discipline consiste uniquement dans l'obéissance aux règles de la subordination et dans l'accomplissement minutieux des gestes édictés pour les marques extérieures de respect.

Cette discipline passive pouvait suffire autrefois, du temps de l'ordre linéaire. Les officiers étaient toujours à portée des soldats pour leur ordonner les mouvements à faire; ils n'avaient guère pour toute obligation que d'assurer l'exécution ponctuelle des commandements, il leur était aisé de réprimer durement les infractions et par suite de maintenir une certaine cohésion dans leur troupe.

Avec l'adoption du système de la *nation armée*, une nouvelle tactique est devenue possible, contre laquelle la vieille tactique compassée de la période frédéricienne n'a pas été plus résistante qu'un château de sable contre les flots de la marée montante. Mais pour cette tactique, qui comporte l'usage des formations dispersées, le constant envoi de patrouilles et de petits détachements chargés de missions spéciales, la simple soumission au supérieur est insuffisante. Il faut qu'il s'y ajoute l'ardent désir de la victoire, la .tension de toutes les énergies, l'emploi de l'intelligence aussi bien que de la force physique. Et pendant les guerres de la Révolution et de l'Empiro, les Coalisés n'ont pu l'appliquer avant qu'un souffle de patriotisme farouche n'eût, avec les chants des Arndt et des Kœrner, passé dans l'âme des cavaliers de Schill, des chasseurs de Lutzow, et qu'à leur tour les Blücher et les York pussent tirer parti de l'initiative du soldat. C'est que, si elle donne le moyen d'obtenir d'une troupe son rendement maximum, il faut pour se conformer à ses préceptes que la discipline soit le résultat de la convergence de toutes les volontés vers le but visé par le chef ; il faut que, même sans ordre, tout le monde agisse dans la pensée de celui-ci ; il faut qu'en son absence on obéisse aussi scrupuleusement que s'il était là. Il eût été impossible de donner une telle discipline à des soldats racolés souvent dans la lie de la société, et qu'on était obligé de toujours faire bivouaquer de peur qu'ils ne désertassent si on les cantonnait. Mais dans les armées modernes d'où sont justement exclus les gens sans aveu, il est facile de la faire pénétrer jusque dans le cœur du moindre troupier.

Si, comme le sang qui porte la vie dans toutes les parties du corps, elle est répandue dans tout l'organisme militaire et le vivifie incessamment, elle contribuera au gain des batailles plus efficacement que la bravoure elle-même, à ce qu'affirme Hœnig[1], un écrivain militaire allemand qui a fait la guerre et qui est plus encore un penseur qu'un historien et un tacticien. C'est que, si comme cela arriva aux hordes de Platow, lorsqu'à Gusinoë elles laissèrent échapper les soldats harassés et affamés du maréchal Ney[2], le commandement vient pour une raison quelconque à faire défaut, les différentes unités d'une troupe n'en agiront pas moins pour le bien commun :

---

[1] *Die Mannszucht in ihrer Bedeutung für Staat, Volk und Heer*, Leipzig, 1897.

[2] Général DE SÉGUR, *La Campagne de Russie*.

tels les membres des être vivants qui, sous l'impression
d'une douleur commençante ou d'un danger qui menace
subitement, font le geste voulu, sans que la volonté inter-
vienne, et par suite du seul jeu des réflexes. C'est que
dans les innombrables circonstances où toute direction
effective échappe au chef, où toute responsabilité semble
abolie, où les récompenses et les punitions deviennent
illusoires, elle maintient encore l'homme dans le rang et
grâce aux sentiments de fidélité au devoir et de dévouement à la patrie, le fait encore agir avec entrain et conscience. C'est que, s'appuyant sur les plus nobles instincts
de l'homme et exaltant les plus généreuses de ses vertus,
elle fait que le cavalier envoyé en éclaireur ou en esta-
fette préférera mourir, loin de la vue de ses supérieurs et
de ses camarades, que de manquer à sa mission ; elle fait
qu'à la mobilisation, le réserviste rejoindra son corps
sans retard et, lorsque les balles commenceront à siffler,
ne se laissera pas tomber dans un sillon pour rejoindre
seulement sa compagnie quand le péril sera évanoui,
comme à chaque bataille le font tant de francs-fileurs,
tant de Drückeberger, suivant l'expression du vieux fan-
tassin allemand qui raconte son songe d'une nuit d'été.

Mais il est un écueil où cette discipline, en grande
partie librement consentie et volontaire jusqu'à un certain point, risque de se rompre ; c'est la conséquence iné-
luctable qu'elle a d'entraîner à la réflexion et jusqu'à la
critique. Elle ne peut, par conséquent, subsister, si la
troupe n'est pas convaincue que la cause pour laquelle
elle se dévoue est digne qu'on sacrifie tout pour elle et,
sans avoir besoin de comprendre le pourquoi de ce
qu'on exige d'elle, si elle n'est intimement persuadée de
l'utilité des efforts et des souffrances qu'elle est prête à
endurer, c'est-à-dire si elle n'a pas pleinement confiance
en ses chefs et en elle-même.

*A la base de la discipline, comme au fond de la vail-
lance sur le champ de bataille, on retrouve donc la con-*

fiance. Il n'y a rien là qui doive surprendre, car, si le courage facilite la discipline, au moment du péril, une bonne discipline vient puissamment en aide au courage. — Un observateur, comme le prince de Hohenlohe[1], a pu s'en rendre compte, bien souvent, en 1866 et en 1870. — L'habitude de suivre ponctuellement certaines prescriptions de détail est, en effet, si puissante à la longue qu'à l'instant où le danger menace, elle empêche d'y songer. Ainsi, quand nos cuirassiers de la Garde chargèrent à Rezonville, la grande préoccupation, même pour des cavaliers déjà blessés, fut celle de l'alignement[2]. Si ridicule que paraisse un tel souci dans une attaque contre l'infanterie, si mal dirigée que fut cette charge trop méthodique et comme guindée, les cuirassiers n'en arrivèrent pas moins jusqu'aux lignes ennemies, et, malgré la perte de la moitié environ de leur effectif, ce fut l'arrivée des 11e et 19e hussards prussiens, autant que le feu de l'infanterie, qui les contraignit à faire demi-tour. Qu'aujourd'hui ou demain des cavaliers marchent à la rencontre d'une cavalerie adverse et jusqu'à la distance où, d'un rang opposé à l'autre rang, on peut se voir la couleur des prunelles, ils soient aussi soucieux de rester derrière leur chef, dans sa direction, comme à leur intervalle et à leur distance que les cuirassiers de la Garde l'étaient de garder leur alignement, comment feraient-ils moins ferme contenance à l'abordage que si, depuis 2,000 mètres, ils ne pensaient qu'au moment de la mêlée?

---

[1] *Lettres sur l'Infanterie.*

[2] Voir l'*Historique du 12e cuirassiers*, ancien régiment des cuirassiers de la Garde.

De la confiance chez le chef.

————

La série d'analyses qui vient d'être faite peut, de prime abord, étonner de la part d'un officier et à propos d'un sujet tout militaire. Mais si l'on se reporte à ce qui a été vu du rôle des facteurs moraux à la guerre, si l'on songe que la valeur des armées est intimement liée aux états d'esprit et aux mouvements de l'âme que nous avons considérés, on ne tardera pas à reconnaître en eux un objet d'étude digne de passionner un officier, plus encore qu'un thème à brillantes dissertations pour un professeur de philosophie. Cela n'a rien qui doive étonner : La tactique n'embrasse-t-elle pas toutes les sciences et ne s'élève-t-elle pas à la hauteur de l'art autant par l'application de principes psychologiques que par celle de raisonnements intuitifs ? Vrai aujourd'hui plus que jamais, cela l'était déjà au siècle passé, à tel point que lorsque Clausewitz commença à méditer sur la guerre et la stratégie, il ne put longtemps se contenter d'un examen superficiel des faits considérés en eux-mêmes, et que son profond génie désireux de pénétrer les raisons des événements, comme d'en apprécier l'importance réelle, le conduisit bientôt à étudier les leçons de Kant sur la méthode critique et surtout les doctrines idéalistes de Hegel.

L'intérêt militaire que présente l'examen de tout ce qui a trait à la confiance, base fondamentale du courage et de la discipline, est tel qu'il y a lieu de la considérer d'abord dans son essence, puis dans ses effets.

Mais, auparavant, il n'est pas inutile de se mettre en garde contre le risque, auquel on est tant exposé, de la confondre avec la présomption. Fruit de l'aveuglement et de la vanité plus encore que de l'ignorance et de l'orgueil, cette dernière précipite celui qu'elle inspire dans les plus extrêmes dangers. C'est ainsi qu'en 1812 Napoléon courut à sa perte pour n'avoir pas tenu compte suffisamment ni du climat et de la pauvreté des solitudes russes, ni du patriotisme farouche des fiers seigneurs moscovites et de leurs plus humbles moujiks. C'est ainsi qu'après Sadowa, malgré les avertissements de Thiers, les rapports du colonel Stoffel et les cris d'alarme du général Ducrot, la France et le Gouvernement impérial commirent la suite de fautes qui devaie.. amener la catastrophe de Sedan.

Contrairement au présomptueux, l'homme confiant peut le plus souvent avoir une connaissance exacte de la situation et, selon le précepte du maréchal de Moltke, « tout peser d'abord et oser ensuite ». Cela ne veut pas dire que pour avoir foi dans le succès de ses entreprises à la guerre, il faut se savoir le plus fort. Il n'y a pas de balance pour les facteurs psychiques, point de commune mesure entre eux et les facteurs matériels; pourtant ce sont eux qui, en fin de compte, décident de tout.

Quand, en 1805, Curély avec 20 hussards se lançait contre le régiment de Meerfeld-Ulans, il savait la supériorité numérique écrasante de son adversaire, mais il savait aussi que dans le chemin creux où il allait combattre, les deux têtes de colonne seraient seules à lutter et que les plus braves l'emporteraient.

En 1866, à Custozza, quand le capitaine de Bechtolsheim, voyant qu'il ne peut plus, ainsi qu'il en avait reçu l'ordre, prendre en flanc l'avant-garde italienne en marche sur Fenile, se résout à charger avec ses trois pelotons les 10,000 hommes de la division Cerale, il sait que ces troupes sont intactes, qu'elles appartiennent à un corps d'armée en ce moment victorieux, mais il sait aussi qu'elles sont formées en colonnes, qu'attaquées par surprise elles ne pourront pas longtemps tirer sur lui et que, si de ses lanciers beaucoup vont rester sur le champ de bataille, ils auront, auparavant, jeté le désarroi dans l'infanterie ennemie.

A Sadowa, les tirailleurs du 21e régiment de ligne prussien qui, pour recevoir les charges de la cavalerie autrichienne restent couchés et en ligne déployée, savent bien que cette valeureuse cavalerie arrivera jusqu'à eux dans son impétueux galop, mais ils ont compris que les chevaux sauteront par-dessus eux et que les cavaliers emportés à la vitesse de l'éclair ne pourront les atteindre avec leurs armes.

Il y a quelques années, lorsque le commandant Marchand entreprend la traversée de l'Afrique, il n'en ignore pas les dangers et les difficultés sans nombre; mais il connaît la grandeur des résultats que la France est en droit d'attendre de son expédition, et il est sûr qu'avec du courage et de la ténacité il surmontera tous les obstacles.

Juste appréciation des choses, énergie morale indispensable pour tirer parti de toutes les ressources de son esprit, force de volonté nécessaire pour accomplir résolument ce que la réflexion ou l'intuition aura montré comme le meilleur, voilà les fondements réels de la véritable confiance. Et pour que celle-ci remplisse le cœur du chef qui, d'après des renseignements souvent imprécis, doit se décider et agir, il n'est pas besoin qu'il lui ait été loisible d'examiner toutes les solutions possibles du problème qu'implique la situation de guerre présente. Il lui suffit de comprendre qu'il ne saurait y en avoir de vraiment parfaite; que toujours des éléments incertains et contingents entrent dans les données des calculs stratégiques; qu'il faut compter avec l'imprévu; que c'est une faute d'« employer à délibérer le temps requis pour agir »[1] et que par suite, comme toute l'histoire le prouve, la victoire est au plus hardi, au plus tenace, au plus assuré dans sa détermination.

Mais pour bien se conformer à celle-ci et adapter aux circonstances perpétuellement changeantes les opérations qu'elle entraîne, il est de la plus haute importance pour le chef de ne sentir aucune restriction apportée à l'exercice de son commandement, d'avoir la certitude qu'on s'en remet à lui du soin de remplir la mission dont il a été investi et dont il doit être entièrement et exclusivement responsable[2]. C'est par cette dernière condition qu'il achète sa liberté d'action; elle est juste, quoique faite pour intimider les âmes timorées ou seulement par trop scrupuleuses. Il faut donc, comme le pensait Napoléon, « qu'un homme de guerre ait autant de caractère que d'esprit », et de Moltke avait bien raison de dire que si « un général en chef peut rarement se passer de conseiller, il lui reviendra toujours, vis-à-vis de celui-ci, le mérite supérieur d'avoir pris la responsabilité de l'exécution[3]. »

Depuis que le principe de l'économie des forces, posé par Carnot, a été si heureusement appliqué par lui à Wattignies, puis par Bonaparte en Italie, l'art de la guerre, débarrassé des formules compliquées de l'ancienne stratégie, peut se réduire de plus en plus à la

---

[1] DESCARTES. *Les Passions de l'âme.*

[2] « J'ai fait la campagne sans consulter personne ; je n'eusse rien fait de bon s'il eût fallu me concilier avec la manière de voir d'un autre... » (Bonaparte au Directoire, 14 mai 1796). « ...Je crois qu'il faudrait plutôt un mauvais général que deux bons » (Bonaparte à Carnot 14 mai 1796). « Tout général en chef qui se charge d'exécuter un plan qu'il trouve mauvais et désastreux est criminel. » (*Mémoires de Napoléon.*)

[3] *Relation de la campagne d'Italie.*

simple recherche de la solution tactique ; il n'en exige que davantage peut-être chez le chef les plus hautes qualités de jugement, de fermeté et de sang-froid. « *Agir sur un point, en masse et offensivement* » n'est possible, en effet, que si sur les autres points l'ennemi est fixé, ou du moins paralysé dans ses mouvements ; et cette action offensive ne permet de faire brèche et de rompre l'équilibre chez l'adversaire que s'il est dans l'impossibilité de concentrer, lui aussi, ses forces à l'endroit menacé. Pour cela, il faut que, par une action de surprise morale, on lui impose son initiative, manifestation matérielle de la contrainte inattendue qu'on lui inflige et affirmation de la supériorité de sa propre volonté. L'activité seule ne peut suffire à procurer un tel résultat; il est nécessaire qu'elle ait un but bien défini et qu'elle soit constamment orientée vers lui. Cette orientation réclame de nombreux renseignements, préalablement même à l'engagement de l'avant-garde qui éclairera complètement la situation. Ils seront fournis avec quelque certitude par les reconnaissances de la cavalerie, mais celle-ci ne les obtiendra le plus souvent qu'au prix de mille fatigues et en s'exposant à des pertes considérables. Il faudra que le chef sache y rester insensible ; qu'attentif uniquement à l'essentiel, ne se préoccupant que du principal de sa manœuvre, il sache conserver toute sa sérénité d'esprit malgré les échecs partiels qu'il pourra éprouver sur les points secondaires, malgré les demandes de renfort qui lui seront faites, malgré les rapports contradictoires et peut-être pleins d'inquiétude qu'il recevra de différents côtés. Il faudra encore que, communiquant son désir et son espoir de vaincre aux chefs et aux troupes qu'il commande, il sache par son attitude, par la netteté, la fermeté et l'énergie de ses ordres soutenir les courages défaillants et tendre tous les ressorts; que résistant aux impressions subjectives de fatigue corporelle ou mentale, il sache lancer ses réserves au moment voulu, et que, victorieux, il ne craigne pas de demander encore de nouveaux efforts à ses soldats afin d'exploiter leur victoire.

De quelles hautes qualités le chef suprême n'a-t-il pas besoin pour être capable de cette tâche si lourde ! Et de combien ne doit-il pas s'élever par elles au-dessus des troupes et des chefs subordonnés auxquels il commande ! Mais si supérieur qu'il doive être à ces derniers, c'est par le savoir et la vigueur de l'esprit qu'il doit les dominer, bien plutôt que par la puissance de sa volonté. Aussi bien qu'à lui, la force morale n'est-elle pas nécessaire à tout chef, si modeste que soit son grade, si minuscules que soient les opérations qu'il puisse avoir à exécuter? Le simple brigadier qui est envoyé avec quatre ou cinq hommes reconnaître une maison de ferme d'où sont partis des coups de fusil, n'a-t-il pas comme lui à *déterminer* la façon dont il procédera d'après une connaissance encore vague, sinon de la situation, du moins du terrain? N'a-t-il pas à *décider* aussi par qui et comment il se fera couvrir dans sa marche? N'a-t-il pas à *faire preuve d'autorité*, de *spontanéité* et de *hardiesse?* Et si l'un de ses cavaliers est tué avant l'accomplissement de sa mission, cette perte n'a-t-elle pas pour lui l'importance que put avoir pour le prince Frédéric-Charles, à Rezonville, la destruction de la brigade Bredow? Que l'officier s'efforce donc de faire l'éducation de son propre caractère! Que prenant pour modèles les grands hommes de guerre, il s'habitue à accepter virilement les responsabilités de son commandement, et s'accoutume à ne jamais reculer, si rigoureuses qu'elles soient, devant les mesures que lui inspire le sentiment de son devoir ![1] Surtout qu'il se pénètre bien de

---

[1] Quel exemple le maréchal Davout n'offre-t-il pas d'une *sévérité aussi inflexible que juste* et de sa nécessité pour le maintien de la discipline! En 1812, avant de passer le Niémen, il fait fusiller un sergent

cette pensée mise en relief à la fin de l'introduction au Règlement sur le service en campagne de l'armée allemande : « Avant tout, il faut agir avec la plus ferme résolution en vue du but proposé. Chacun, depuis le général en chef jusqu'au plus jeune soldat, doit toujours être convaincu que la négligence ou le manque d'initiative pèseront plus lourdement sur lui qu'une erreur dans le choix des moyens. »

C'est ainsi seulement qu'il affermira sa volonté et que, le jour voulu, il n'aura aucune hésitation à exposer, pour le salut de sa patrie, sa vie et celle de ses troupes aux furieuses tempêtes de la guerre; qu'au besoin même il jettera au vent terrible des batailles une réputation militaire de prudence et de bonheur. Et, pour citer seulement ces deux-là, l'exemple du brave Montluc laissant écraser M. de Terride par le comte de Montgomery[1], et celui de Wittgenstein aimant mieux arriver en retard à la Bérésina que d'y courir le risque d'un échec en aidant efficacement Kutusoff à détruire l'armée française épuisée de faim et de froid[2], ne prouvent-ils pas combien est difficile cette marque de caractère et d'abnégation !

Il faut encore que par le travail, par la coutume de se poser sans cesse à lui-même de petits problèmes tactiques vraisemblables, en rapport avec son grade et vite résolus par la solution la plus simple, la plus énergique,

---

chevronné qui avait volé un paysan lithuanien ; lors de la retraite de Moscou, alors que presque toute l'armée est en débandade, l'ordre règne encore dans son corps d'armée.

[1] « ...Je n'étais pas si malavisé, pour mettre toutes choses pêle-mêle, et lui faire compagnie en sa ruine. J'avais trop longuement gardé cet avantage de n'avoir jamais été défait, pour le hasarder pour le secours d'un homme, lequel, en dépit de tout le monde, se voulait perdre. » (*Commentaires de Montluc*, Livre VII.)

[2] Voir DRAGOMIROFF : *Discipline. Subordination. Marques extérieures de respect* (Paris, 1894, Baudoin).

il acquière la rapidité de décision et l'ensemble des connaissances qui lui donneront une haute opinion de sa valeur intellectuelle et morale. Il faut enfin qu'il étudie l'histoire militaire, non pas tant pour y trouver quelles petites fautes tactiques il importe d'éviter, que pour y voir combien des défaillances infimes, de menues négligences, ont toujours préparé les grandes défaites, pour se convaincre surtout que si un faux criticisme éloigne de l'action, l'examen méthodique et approfondi des événements historiques est, au contraire, riche en leçons d'activité inlassable et même de résolution intuitive.

La confiance du chef en ses troupes est toute naturelle, lorsque, comme Bonaparte arrivant à l'armée d'Italie, il se trouve placé à la tête de soldats ayant depuis long-temps donné des preuves de leur courage. Mais avec des hommes n'ayant jamais fait campagne, il n'en est plus ainsi, et le chef ne peut guère avoir confiance en eux que, si leur voyant la discipline extérieure et un degré convenable d'instruction militaire, il les suppose braves, consciencieux et, suivant l'expression de Dragomiroff, élevés dans le sentiment du devoir.

Confiance en soi et confiance en sa troupe rendent les chefs actifs et entreprenants, leur donnent les décisions rapides, les initiatives hardies, les audaces fécondes. Les débuts de cette merveilleuse campagne de 1796, dont il a déjà été parlé plus haut, en offrent un exemple saisissant, aussi bien qu'ils présentent un témoignage irréfutable de la justesse des calculs servant à Napoléon pour l'établissement de ses plans stratégiques. En effet, comme on va le voir, la confiance du général français en lui-même lui inspira alors les résolutions les plus énergiques, et la confiance qu'il avait en ses soldats lui permit de les faire réussir, grâce à l'emploi d'une judicieuse économie des forces sur les points secondaires, et devint ainsi un des éléments capitaux du succès de la manœuvre.

L'armée austro-piémontaise était répartie en trois groupes : à droite, 15,000 hommes au camp de Céva, sous les ordres de Colli ; au centre, 12,000 Autrichiens vers Acqui, commandés par Argenteau; à gauche, 18,000 hommes qui, sous le commandement de Beaulieu, se rassemblaient à Novi et devaient se porter sur Voltri par la Bochetta, afin de couvrir Gênes directement.

Bonaparte n'avait qu'une trentaine de mille hommes, avec une artillerie bien inférieure à celle des Austro-Sardes (30 canons contre 200). Il forma le projet de combattre isolément les rassemblements ennemis, de les séparer encore davantage les uns des autres et d'envahir le Piémont. Pour cela, tandis que « Beaulieu divise ses forces, puisque toute communication est impossible entre son centre et sa gauche, autrement que par derrière les montagnes », il établit son armée « de manière à pouvoir se réunir en peu d'heures et à tomber en masse sur l'un ou l'autre des corps ennemis, l'un défait, l'autre devait se retirer[1] ».

Mais, pour que la masse principale placée sur la route de la Corniche, entre Loano et Savone, puisse se réunir et manœuvrer par les lignes intérieures, il faut qu'elle n'ait à craindre aucune attaque des groupes ennemis contre lesquels elle ne se portera pas. Dans ce but, Bonaparte se crée une zone de manœuvres stratégiques de la façon suivante : La division Laharpe est détachée face à la gauche de l'ennemi, son avant-garde (brigade Cervoni) menaçant Gênes, et la 21ᵉ demi-brigade (Rampon) envoyée au Monte Legino pour former couverture du côté d'Acqui; du côté de Céva, la division Sérurier est envoyée vers Garessio, également pour couvrir le centre.

Le 11 avril, les Autrichiens attaquent au Monte Legino et à Voltri. Ils ont une grande supériorité numérique; devant eux les avant-gardes françaises sont contraintes de

---

[1] *Commentaires de Napoléon.*

reculer. Cela, Bonaparte l'a prévu, comme il a prévu que ces avant-gardes composées de soldats hors ligne opposeront à l'ennemi une résistance acharnée, l'accrocheront même, en combattant en retraite de position en position, donnant ainsi à leur chef l'espace et le temps nécessaires au coup de massue qu'il se propose d'asséner. *Confiant* donc en la valeur de la brigade Cervoni, il l'abandonnne à ses propres forces, pendant qu'il se jette contre Argenteau. Le résultat de cette manœuvre, c'est Montenotte, Millesimo, puis bientôt Dego, Mondovi et l'armistice de Cherasco.

La carrière prodigieuse de Napoléon témoigne tout entière de l'extrême importance qu'il y a pour un général à avoir confiance en ses troupes. En 1805, lorsque la Grande Armée franchit successivement les affluents de droite du Danube, dans sa marche de Ratisbonne à Ulm, l'Empereur, afin de parer à l'arrivée des Russes qu'il croit très rapprochés, constitue de nouveau des avant-gardes stratégiques qui lui donneront toute liberté contre Mack. Deux mois plus tard, *il fait reposer une partie de la manœuvre d'Austerlitz sur la bravoure des 8,000 hommes de Davout*, et il leur demande de faire tête, en reculant, au besoin, à près de 60,000 ennemis, pendant assez longtemps pour que le centre allié se dégarnisse par ses efforts prolongés contre eux et perde finalement toute consistance.

Avant Iéna, ce même 3ᵉ corps est envoyé garder le pont de Kosen, *l'Empereur ayant tellement confiance* en les 10,000 hommes de bonne infanterie du futur duc d'Auerstædt que même battus, pense-t-il, ils ne pourront pas ne pas empêcher l'ennemi de passer le défilé [1].

----

[1] *Notes sur l'Art de guerre.*

Sept ans plus tard, si après la bataille de Leipzig l'Empereur ne s'arrête pas aux environs d'Erfurt, c'est que, comme le lui dit Macdonald : « Dans la désorganisation, et, puisqu'il faut appeler les choses par leur nom, *la démoralisation* où sont les troupes » on ne peut plus en tirer parti[1]. Mais, auparavant à Landshut, dans les neiges de Russie, en Saxe même, ensuite en Champagne et dans les plaines de Waterloo, combien durant toute sa vie, Napoléon n'a-t-il pas tenu compte, lors de l'établissement de ses plans de bataille de la *confiance* qu'il pouvait avoir en la vaillance de telle troupe, en l'énergie de tel chef? Et n'est-ce pas à cause de tout ce que l'extraordinaire héroïsme de Ney suggérait de courage et de fermeté que Napoléon attachait tant de prix à la personne du « brave des braves » après le sanglant combat de Krasnoë et la retraite admirable qui suivit.

Malheureusement, si par une utilisation habile de la valeur individuelle de ses maréchaux et de ses soldats, il put bien souvent obtenir une telle économie des forces qu'avec une armée moins nombreuse il se trouvait le plus fort sur le point décisif, dans la pratique de son commandement il n'eut pas assez confiance en ses généraux pour les laisser marcher d'après des directives et les habituer ainsi à prendre spontanément des décisions considérables. « Moi seul, disait-il, je sais ce que je dois faire[2] », et, ne demandant aux commandants de ses corps d'armée qu'une obéissance passive, une soumission aveugle, il tuait en eux tout esprit d'initiative et de réflexion. Aussi, lorsqu'il eut à mouvoir des masses énormes, comme en 1812 et en 1813, il ne put faire abou-

---

[1] *Souvenirs du maréchal Macdonald.*
[2] Lettre à Berthier, 14 février 1806.

tir ses conceptions, parce que là où il n'était pas, ses
généraux mal préparés à la grandeur du rôle qu'il leur
confiait, ne pouvaient les comprendre et restaient saisis
d'hésitation devant la tâche qu'il leur fallait accomplir.
N'ayant pas été familiarisés avec les principes de leur
chef, n'étant pas accoutumés à agir par eux-mêmes
avec une pleine responsabilité, ils n'avaient trop souvent ni le caractère ni l'intelligence voulus pour prendre
spontanément les graves résolutions nécessaires. Il faut
encore ajouter que « dès l'époque où Napoléon se fut
emparé du pouvoir, les mœurs militaires s'altérèrent
rapidement; l'union des cœurs disparut avec la pauvreté, et le goût du bien-être matériel et des commo-
dités de la vie pénétra dans nos camps... L'Empereur
crut de sa politique de favoriser cette corruption. Il la
regarda comme avantageuse à ses desseins et propre à
mettre l'armée entière dans sa dépendance[1] ». La conséquence en fut que dès la paix de Tilsitt, beaucoup
parmi « les hauts généraux gorgés de trop de considération, de trop d'honneurs, de trop de richesses, ne
demandaient que du repos — ils l'eussent acheté à tout
prix[2] ».

Il faut bien reconnaître que si le génie de Napoléon est
resté incomparable, sa méthode de commandement fut
inférieure à celle de M. de Moltke, en ce qu'elle empêcha
la bonne éducation militaire des chefs inférieurs, en ce
qu'elle ne lui permit pas de faire de ceux-ci des élèves
dignes de leur maître. L'esprit moins intuitif et moins
audacieux du chef du grand État-Major allemand n'eut
jamais les éclairs de pensée qui lui révélaient la situation
et lui faisaient choisir la solution la plus hardie. Mais

[1] Berthezène, *Souvenirs militaires.*
[2] Gohier, *Mémoires.* Voir aussi Henri Houssaye, *1814.*

le maréchal prussien sut non seulement exalter le sentiment du devoir et le zèle professionnel de ses subordonnés et les porter à un tel degré que, avant la guerre des duchés, des officiers d'artillerie firent les frais d'écoles à feu pour se perfectionner dans le tir du nouveau matériel, dont ils servaient eux-mêmes les pièces comme de simples canonniers[1]. Il sut encore donner à ses sous-ordres une telle unité de doctrine qu'à Spicheren quatre généraux se passèrent successivement le commandement, par droit d'ancienneté ou de grade, sans changer la conception stratégique de la bataille. Il sut en même temps faire pénétrer dans les mœurs militaires une telle *confiance dans les subordonnés pour le choix des moyens*, développer à tous les échelons de la hiérarchie une telle puissance d'initiative, qu'à Sadowa on put voir un simple feldwebel faire passer, de son propre chef, les ponts de la Bistritz à des caissons de munitions et les conduire à la masse d'artillerie engagée au sud du Holawald.

Les inspirations et les procédés de commandement du plus grand capitaine qui ait jamais existé et de celui qui, jusqu'à présent, est resté le meilleur de ses disciples, se sont donc fortement ressentis de la rigueur de la confiance qu'ils avaient en eux-mêmes et en leurs inférieurs. L'influence de la plus ou moins grande force de ce sentiment est tout aussi marquée dans les conceptions d'esprits de moindre envergure. Sans remonter plus haut que l'apparition du fusil à aiguille, quelques exemples vont le prouver.

Au commencement de la campagne de 1866, le 29 juin, tandis que la *puissante volonté* et la *tenace énergie* de Steinmetz donnent sur le champ de bataille de Nachod la

---

[1] Prince KRAFT VON HOHENLOHE-INGELFINGEN, *Lettres sur l'Artillerie.*

victoire à ses troupes, la faiblesse et les *tergiversations* du général de Bonin sont cause de sa défaite à Trautenau. Cet insuccès peut toutefois se réparer, mais c'est parce que Gablentz n'est *pas assez confiant* en lui-même pour prendre l'initiative de le poursuivre au delà des limites fixées par Benedeck.

En 1870, après Sedan et le 4 septembre, lorsqu'il fut appelé au gouvernement de Paris, le général Trochu *ne croyait pas plus à la possibilité du succès qu'à la possibilité de donner aux Parisiens les qualités des soldats aptes à tenir campagne.* Tandis qu'avec une énergie indomptable il eût probablement pu utiliser « les dévouements tumultueux, mais le plus souvent sincères des Parisiens, et obtenir des résultats effectifs, grâc· auxquels la lutte aurait pu prendre une autre tournure[1] », il découragea les bonnes volontés, laissa la discipline se perdre et, avec les meilleures intentions du monde, finit par accepter une capitulation aussi désastreuse que celle de Bazaine, et par préparer l'insurrection du 18 mars par excès de faiblesse. Pendant ce temps, sur la Loire, le général d'Aurelles, qui alliait à un rare esprit militaire une vigueur peu commune, parvenait à faire une armée de tous les éléments sans cohésion réunis par le Gouvernement de la Défense nationale. Et si, après qu'il eut été battu à Beaune-la-Rolande et à Orléans, si, malgré les atteintes portées par ces échecs au moral des soldats, malgré le défaut d'organisation, malgré l'hiver, malgré les ordres souvent inexécutables donnés par la Délégation à la guerre, Chanzy tint tête aussi longtemps aux Allemands victorieux, c'est parce qu'avec un indéfectible amour de la patrie, avec un haut sentiment de son devoir

---

[1] Commandant ROUSSET, *Histoire générale de la Guerre franco-allemande.*

et des responsabilités qu'il avait assumées, le commandant de la IIe armée de la Loire *avait foi* en sa propre énergie, en la vaillance pourtant intermittente de ses troupes, c'est qu'*espérant* un retour de la fortune, il *croyait*, sinon au triomphe de ses armes, du moins à la probabilité d'user l'ennemi et de le vaincre à force de lassitude. Si encore, à l'Assemblée de Bordeaux, Gambetta avait pu faire partager à tous sa conviction et son désir de combattre à outrance, qui sait ce qui serait advenu? Le flot allemand n'avait-il pas atteint déjà sa limite d'expansion un peu avant la capitulation de Paris et, après un élan éphémère à la suite de cet événement, ne se serait-il pas retiré insensiblement vers le Rhin après être venu se briser sur les pentes du Morvan ou s'épuiser dans le bocage vendéen? Un peuple n'est vaincu que lorsqu'il accepte sa défaite. Après l'exemple des Russes et des Espagnols au temps de Napoléon Ier, celui des Boërs nous le prouve aujourd'hui, et il nous montre encore qu'à la guerre l'organisation, le nombre, l'armement, la science tactique elle-même ne sont rien sans la volonté de vaincre, sans la foi dans ses efforts, sans le consentement à tous les sacrifices. Aussi est-il impossible de ne pas éprouver les regrets les plus cuisants en se rappelant que l'Assemblée de Bordeaux n'a pas voulu tenir compte de la protestation si émouvante des députés alsaciens-lorrains, et est-il encore bien plus impossible de ne pas se demander de quels remords ont dû être déchirés ceux qui, après avoir voté l'abandon de l'Alsace-Lorraine à l'Allemagne, ont lu ces phrases de von der Goltz : « Dans la dernière partie de la guerre, à l'exception de quelques esprits tenaces, chacun était rassasié des combats heureux. Le feu de la guerre ne brûlait plus qu'avec des flammes vacillantes ; le désir d'obtenir enfin un instant de repos désiré était très répandu partout..... Malgré tous les succès précédents, il ne nous eût certainement pas été facile de mettre en ligne une nouvelle

armée si, par suite d'une série de revers, une seule
des armées allemandes se fût trouvée complètement
perdue[1]. »

------

[1] Von der Goltz, *Opérations de la IIe armée de la Loire*, d'après le
Journal de l'État-Major. — La campagne de Mandchourie ne vient-elle pas
encore de montrer toute l'importance des facteurs moraux à la guerre ?
D'un côté, les Japonais sont entreprenants, alertes, attentifs à saisir
toutes les occasions de succès ; de l'autre les Russes sont incertains, apa-
thiques, inertes et comme figés sur le sol. N'est-ce pas la meilleure
preuve qu'aujourd'hui comme il y a trente ans, comme il y a un siècle,
la *confiance en soi*, c'est le mouvement, la manœuvre, l'esprit d'offensive,
la victoire, et qu'au contraire *la défiance de ses propres moyens* c'est
l'hésitation, le recours aux appuis du terrain et de la fortification, l'im-
mobilité, la passivité même et finalement la défaite ?

DEUXIÈME PARTIE

Éducation des forces morales du soldat.

**La confiance chez le soldat au combat.
L'éducation des forces morales est-elle possible en temps
de paix ?**

Jusqu'ici, je n'ai guère fait qu'envisager l'utilité qu'il
y a pour le chef à avoir confiance en lui-même et en ses
troupes, ainsi qu'étudier quels liens unissent entre eux le
courage, la discipline et la confiance. Il me faut considérer maintenant les moyens de faire germer, éclore et
conserver ce dernier sentiment dans l'âme du soldat.

Dans ce but, il semblerait intéressant et avantageux
d'appliquer encore à des faits de guerre la méthode ana-
lytique qui a été suivie dans la première partie de ce
travail.

Je pourrais me reporter à l'extraordinaire ascendant
que les armées françaises s'étaient peu à peu acquis
durant les campagnes de la Révolution et de l'Empire, et
au coup que lui porta la capitulation de Baylen. Je pourrais évoquer la manière dont les Dörnberg, les Stein, les
Scharnhorst et les Gneisenau surent rendre confiance aux
Prussiens à l'époque des guerres dites de la Délivrance[1].
Je pourrais rappeler quelle croyance à leur invincibilité

---

[1] *Befreiungskriege.*

les officiers et les soldats de l'armée impériale avaient, avant 1870, à force d'être vainqueurs; remémorer l'impression démoralisante qui suivit nos premières défaites, et la discipline inflexible qui réussit à transformer les éléments hétérogènes rassemblés au camp de Salbris en une troupe capable de faire tête à l'ennemi.

Je pourrais ensuite commenter l'espèce d'anesthésie à la fois morale et physique produite par le fanatisme chez certains guerriers à demi-sauvages, comme ces Égyptiens qui, à Tamanich, enfoncèrent à coups de bâton les carrés anglais, ou ces Abyssins qui, à Dogali et à Adis-Ababa, eurent à l'arme blanche raison des Italiens et de leurs armes à tir rapide.

Je pourrais comparer cette bravoure aveugle, mélange de l'instinct du carnage, de la joie et du désir de mourir ou de la superstition en quelque amulette, à l'intrépidité des combattants de Wissembourg et de Saint-Privat, qui, elle, n'était qu'héroïque dévouement et sentiment exalté de l'honneur.

Mais quand j'aurais dit qu'à part de telles exceptions, toutes les troupes, au combat, subissent, du fait même de l'effet matériel destructeur auquel elles sont soumises, un effet moral d'autant plus intense que leurs pertes sont plus considérables et plus rapides[1]; quand j'aurais dit qu'ordinairement la dépression nerveuse qui suit une résistance opposée à un ennemi finalement victorieux est d'autant plus profonde que l'acharnement de la lutte a été plus grand, la vaillance dépensée plus considérable, je ne pourrais en tirer que des déductions douteuses,

---

[1] L'insouciance avec laquelle, à la fin de la campagne de Mandchourie, les Russes et les Japonais, abrités dans leurs tranchées, recevaient les plus violentes mais inefficaces rafales d'artillerie montre que l'effet destructeur est nécessaire pour que les engins les plus terribles produisent longtemps un effet moral sérieux.

parce que je n'ai pas moi-même fait la guerre, parce qu'aussi ceux qui l'ont faite, à part quelques hommes d'un rare sang-froid, comme le prince de Hohenlohe, n'ont pas eu le détachement voulu pour faire à ce sujet autre chose que des observations superficielles, lorsque la situation devenait grave et qu'il s'agissait de tuer ou d'être tué.

Sans doute, je serais sûr de ne pas me tromper en disant que la vigueur morale du soldat se conserve avec sa vigueur physique, qu'il faut donc ménager sa santé et ses forces en lui épargnant toute fatigue, toute privation inutile. Je serais encore dans le vrai en disant, avec Bugeaud, que lors même qu'on se retire, il faut faire acte d'offensive, afin de relever ou de maintenir le courage des troupes, comme aussi en donnant en modèle le prince Frédéric-Charles lançant ses divisions de cavalerie contre l'armée française, à 9 heures du soir, sur le champ de bataille de Rezonville, afin d'affirmer sa volonté de vaincre. Mais ce serait aborder des questions intéressant la tactique de marche, de stationnement et de combat, qui sont beaucoup trop élevées pour être traitées par un simple lieutenant.

J'aurais sûrement raison de conseiller aux officiers de ne pas imiter ceux que La Salle appelait les *Zietten de petite guerre, les galopeurs en temps de paix*, de ne pas faire volontairement pendant les manœuvres ce qu'ils ne feraient pas en campagne. Sous prétexte qu'il n'y a pas de balles dans les fusils, rester debout à découvert derrière une ligne de tirailleurs isolés, c'est s'exposer à paraître timide le jour où le combat sera réel. Parce qu'on est à cheval, s'approcher dans une reconnaissance si près de troupes d'infanterie qu'on puisse lire les numéros de leurs uniformes, c'est risquer de paraître peu hardi lorsqu'on devra observer l'ennemi à la jumelle. Il y a assez d'autres circonstances où l'on peut être amené à entreprendre une action téméraire comme celle du sous-lieutenant Bouve à la bataille de l'Andelle[1], pour enseigner aux hommes que parfois le devoir est de se sacrifier et de tout oser. Mais ceci s'applique à la vie du temps de paix et non à celle du temps de guerre.

Pour ce qui est de celle-là, j'aurais, il est vrai, à parler de l'ivresse causée par la fumée de la poudre, de l'énervement résultant des mille bruits du combat, de l'excitation produite par la vitesse du galop de charge. J'aurais encore à indiquer comment, pour maintenir au feu des batteries sans munitions, Hohenlohe fit chanter la *Wacht am Rhein* à leurs servants assis sur les coffres; comment une autre fois, le commandant d'une ligne d'artillerie exposée au feu de l'infanterie fit mettre pied à terre pour enlever à tous la tentation de faire demi-tour; à signaler enfin, les mesures prises par Chanzy à la bataille du Mans pour empêcher la débandade. Mais quand, avec Montluc, j'aurais dit qu' « un désespéré en vaut dix », quand j'aurais raconté comment ce capitaine soutint le courage des Siennois assiégés, si je voulais analyser l'influence personnelle de l'officier sur sa troupe, je ne saurais que paraphraser le conseil de regarder ses chefs, donné par le règlement allemand aux hommes qui commencent à perdre leur sang-froid, ou répéter ce qu'a dit Brack dans son vibrant chapitre : *du Moral.*

De ce qu'il n'est pas possible de rien indiquer de précis sur la façon de donner, à la guerre, confiance à la troupe, rien qui soit sûrement en accord avec les conditions nouvelles de l'armement et de la tactique, et qui convienne certainement à une armée où très peu d'officiers ont fait campagne, même aux colonies, s'ensuit-il que j'aie accordé assez d'attention à cette question? C'est ce que je vais voir à présent.

---

[1] Avec 12 hussards, il se fit jour au milieu de 2 escadrons de uhlans prussiens (14 octobre 1870).

Excepté à la première page du *Service intérieur*, nos divers règlements ont longtemps passé sous silence tout ce qui concernait les forces morales et l'esprit militaire du soldat. Bien que préconisant l'instruction individuelle, et entrant à ce sujet dans une foule de détails qui supprimaient à peu près complètement l'initiative du chef, ils semblaient n'attacher aucune importance au développement des vertus guerrières chez l'homme de recrue, grâce à une éducation appropriée aux forces de son esprit et de son corps [1].

Aussi, quand, jeune sous-lieutenant, l'article encore anonyme du capitaine Lyautey [2], sur le rôle social de l'officier, me tomba sous les yeux, je n'y vis guère qu'utopies et imaginations. Mais un peu plus tard, quelques phrases du général de Cointet, lues dans son opuscule sur les devoirs de l'officier, me firent souvenir de bien des pages éloquentes d'Alfred de Vigny et de Paul de Molènes. Par là, je fus peu à peu amené à me demander s'il n'y avait pas beaucoup de vrai au fond de cette idée, tout d'abord si paradoxale, que la patrie demande à ses officiers bien moins de préparer les bras de tous ses enfants pour les luttes futures que de discipliner leurs esprits, former leurs âmes et tremper leurs cœurs.

Pour me faire une opinion, j'eus, ainsi que c'est l'usage habituel des Français, la curiosité de consulter les étrangers. Comme les Allemands nous ont battus en 1870, ce fut naturellement à eux que je m'adressai de préférence, et

---

[1] Depuis que ces lignes ont été écrites, le Règlement d'infanterie français de 1904 contient, comme le Règlement de cavalerie de 1899-1904, plusieurs considérations sur « *les forces morales* », considérations qui ont été reproduites avec quelques développements dans le Règlement d'infanterie allemand de 1906.

[2] Depuis général.

c'est surtout l'avis du prince de Hohenlohe[1], du général von Schmidt[2] et du général von Pelet-Narbonne[3] que je demandai. Je ne tardai pas à me convaincre en les lisant que, malgré les canons et les fusils à tir rapide, malgré tout le machinisme de la guerre moderne, malgré aussi le service obligatoire à court terme, l'instruction passe en importance après l'éducation, dont elle n'est qu'un moyen. Et je fus vite persuadé que le devoir de l'officier est avant tout de faire naître et de développer en ses hommes les forces morales nécessaires pour affronter les épreuves de la guerre.

Ces instincts et ces vertus auxquels il fera appel à l'heure du péril ou de la misère, existent généralement déjà dans l'âme de ses recrues, lorsqu'elles arrivent au régiment, et il a surtout à les exalter, à leur donner une direction salutaire.

Les uns : patriotisme, fidélité à l'étendard, sentiments de devoir et d'honneur, initiative, esprit de corps, camaderie de combat, auront pour conséquence une discipline exacte et agissante qui donnera confiance au chef en sa troupe et au soldat en ses camarades. Les autres : hardiesse, sang-froid, résolution, ténacité, volonté de vaincre, endurance et bonne humeur, donneront surtout confiance à l'homme en lui-même, en ses camarades, en son chef, et, au fur et à mesure que cette confiance grandira, ils croîtront eux-mêmes en quelque sorte par ricochet.

Sans être nombreux, les moyens dont l'officier dispose dans sa tâche éducative présentent une assez grande variété, aussi est-il utile de les diviser en catégories correspondant aux différents buts particuliers que l'on se propose d'atteindre.

---

[1] *Lettres sur l'Infanterie ; Lettres sur la Cavalerie ; Lettres sur l'Artillerie.*

[2] Von Schmidt, *Die Erziehung des Soldaten ; Deutsche Krieger-Tugend.*

[3] Von Pelet-Narbonne, *Der Kavalleriedienst.*

Ce n'est pas qu'il faille employer ces divers moyens l'un après l'autre, afin de donner à l'homme de recrue d'abord telle qualité, ensuite telle autre. Il serait aussi absurde d'agir ainsi que de vouloir dans l'artillerie et la cavalerie ne commencer l'instruction à cheval que lorsque l'homme de recrue aurait exécuté toute la série des exercices à pied mentionnés dans les règlements. Éducation et instruction ne peuvent d'ailleurs se séparer l'une de l'autre, et c'est affaire à l'officier d'appliquer les procédés suivant les circonstances et les hommes.

Il est toutefois indispensable que dès le début de leur vie militaire les jeunes soldats prennent confiance en leur chef. Pour obtenir ce résultat, ce dernier dispose presque uniquement de son attitude personnelle et de sa manière d'être vis-à-vis de ses subordonnés.

Pour donner aux hommes confiance en eux-mêmes et en leurs camarades, il a à sa disposition les diverses parties de l'instruction militaire, principalement celles qui ont trait à l'emploi des armes et du cheval, à la gymnastique d'adresse, au service en campagne, à la préparation du groupe au combat.

Quant aux théories morales et à tout ce qui s'y rattache, on devra s'en servir plus particulièrement à développer les qualités d'où découle une bonne discipline.

Il va sans dire que cette distinction est tout arbitraire et que, dans la pratique, les mêmes moyens permettent d'atteindre des buts bien différents.

Dans ce qui suit, je vais exposer succinctement comment, étant données les coutumes françaises, j'ai compris les conseils des généraux allemands que j'ai cités plus haut, c'est-à-dire comment dans ma petite sphère j'ai employé les moyens éducatifs que je viens d'énumérer. Certains détails de leur emploi sembleront peut-être un peu naïfs ou un peu trop minutieux. Mais comme j'ai eu plusieurs fois des preuves irrécusables de la confiance que mes hommes avaient en moi, et comme depuis neuf ans que j'instruis des recrues et commande un peloton, aucun des cavaliers que j'ai dressés n'est passé au conseil de guerre ou de discipline[1], alors que beaucoup d'entre eux sont devenus des gradés ou des ordonnances, je ne crois pas m'être trompé, ni avoir accordé une trop grande attention à des minuties inutiles.

Moyen de donner à l'homme confiance en son chef.

Pour peu qu'on réfléchisse, on s'aperçoit vite que pour instruire et commander des hommes, aussi bien que pour dresser et utiliser des chevaux, il faut connaître ceux qu'on veut dominer et se comporter vis-à-vis d'eux en raison de leur caractère et de leurs forces.

Par suite, la première des choses que l'officier doive faire à l'arrivée des jeunes soldats est de s'informer de leur pays, de leur profession, de leur degré d'instruction générale et, autant que cela lui est possible sans être indiscret, de leurs antécédents et de leur famille. Ces premiers renseignements, complétés par ceux que fournissent les costumes civils portés par les recrues, par leur démarche, par leur manière d'être vis-à-vis de leurs supérieurs et de leurs camarades, donneront une idée rudimentaire de la façon dont ils devront être pris chacun en particulier. L'officier complétera et rectifiera peu à peu la connaissance qu'il aura de ses hommes d'après l'énergie qu'il leur verra déployer, leur conduite, leur tenue, d'après les rapports des gradés, le registre du vague-

---

[1] Il en a été ainsi pendant les quinze années que j'ai passées dans les grades de sous-lieutenant et lieutenant. Sur les seize dernières recrues de mon peloton dont j'ai fait les classes, quatre ont quitté le régiment comme maréchaux des logis, deux comme brigadiers et trois autres ont été prises pour ordonnances par des officiers.

mestre, et enfin d'après les entretiens qu'il aura avec eux.

Bien que les règlements semblent proscrire toute espèce de familiarité du supérieur vis-à-vis de ses subordonnés, je n'hésite pas en effet à affirmer qu'en parlant avec une bienveillante familiarité à ses inférieurs, le chef peut le plus souvent les amener à s'ouvrir à lui et à lui montrer leur personnalité. Si à cette familiarité de l'officier vis-à-vis de ses soldats, si à la franchise avec laquelle ceux-ci peuvent lui répondre, il y a des limites dont l'intérêt de la discipline veut qu'on n'approche jamais, je suis persuadé qu'avec un peu de tact ou d'expérience un officier reconnaîtra toujours assez tôt quand il faut s'arrêter dans cette voie. En montrant à ses subordonnés qu'il les connaît, qu'il s'inquiète de ce qui les touche; en amenant les sous-officiers à s'intéresser à tout ce qui concerne leurs hommes, le chef gagne facilement le cœur des uns et des autres, et il acquiert plus vite leur confiance que si, vis-à-vis d'eux, il ne se départit en aucune circonstance d'une froide et hautaine réserve, semblant d'ailleurs avouer ainsi le peu d'assurance qu'il a de son autorité.

Dans ce qui précède, comme dans tout ce qui va suivre, j'ai supposé que, suivant les prescriptions données par le général de Cointet à la 2ᵉ division de cavalerie, suivant aussi le principe posé par le Règlement de cavalerie de mai 1899 : *l'instruction est faite par les soins de l'officier de peloton, sous la direction du capitaine-commandant.* Les auteurs du règlement ont voulu affermir par là l'*homogénéité des unités élémentaires*, rendre au chef de peloton *la plénitude de son commandement* et rehausser la situation du sous-officier qui, lorsque son officier est absent, le remplace. Ces avantages sont considérables, j'en vois cependant d'autres à cette manière d'instruire les jeunes cavaliers et je les crois plus grands encore. Avec l'instruction par peloton, l'amour-propre et le zèle de chacun sont directement stimulés; l'officier peut façonner sa troupe pour lui, la préparer à donner sous son commandement le maximum de ce dont elle sera jamais capable; il peut facilement connaître la valeur de tous ses hommes, s'attacher à eux et *conquérir toute leur confiance*. Sans doute elle a l'inconvénient de ne pas toujours faire utiliser les officiers suivant leurs spécialités; mais dans l'armée d'aujourd'hui, qui est autant une école qu'un groupement organique de soldats instruits, prêts en permanence et sans exception à entrer immédiatement en campagne, les qualités de l'instructeur ne doivent pas être une spécialité[1]. Celui qui ne les a pas a le devoir de s'efforcer de les acquérir, et il ne le peut que par la pratique et la réflexion. En attendant qu'il les ait, et tant qu'il manque d'habileté pour donner tel ou tel enseignement, rien n'est plus facile à son capitaine-commandant que de l'aider de ses conseils, que de le faire profiter du fruit de son expérience. Du reste, charger un seul officier des classes à cheval de toutes les recrues de l'escadron, charger un autre officier de leurs classes à pied et un troisième de la voltige et des théories, c'est vouloir remplacer l'action personnelle de l'officier par l'action personnelle du sous-officier. Si bonne en effet que soit sa mémoire, l'officier chargé d'instruire les recrues des quatre pelotons, mettra à apprendre leurs noms beaucoup plus de quatre fois le temps qu'il mettrait à apprendre les noms des hommes de son seul peloton. Si fanatique qu'on le suppose, il ne s'ingéniera pas longtemps à trouver le moyen propre à corriger tel ou tel défaut constaté chez un cavalier qu'il con-

---

[1] Tout ceci est encore plus vrai, aujourd'hui que le service de deux ans a été adopté pour toutes les armes, et les raisons qui nous font préférer le système de l'instruction par peloton sont plus fortes que jamais, quoique le Règlement de 1904, sans la prohiber, recommande aux capitaines-commandants de désigner les instructeurs d'après leurs aptitudes.

naît à peine et dont il n'a pas toujours monté le cheval. Pour peu qu'il manque de zèle, il sera vite tenté de se borner à un rôle de surveillance et d'assurer uniquement l'exécution des ordres reçus, à la lettre, mais sans se soucier de leur esprit. L'instruction par peloton permet, au contraire, d'adapter l'exécution des ordres aux circonstances si souvent changeantes. En exigeant de l'officier moins une présence réelle, mais bien des fois inerte, qu'une présence agissante, quoique parfois irréelle et plus morale que physique, elle forme chez lui le *sens de la responsabilité*, développe en lui et éveille en ses subordonnés l'*initiative*, la *volonté*, en un mot toutes les qualités qui rendent apte à commander.

Grade, expérience du service, tenue brillante, habileté aux exercices du corps, connaissances pratiques, instruction générale et *surtout fermeté du caractère*, telles sont les principales causes de l'ascendant de l'officier. Par son exactitude, sa stricte observance des devoirs militaires, la correction de son attitude personnelle, sa vigueur et son entrain, il aura une influence efficace sur sa troupe. Son calme pendant les inspections, sa présence d'esprit au cours des exercices de service en campagne et des manœuvres en terrain varié, son endurance à la fatigue et aux intempéries, voilà encore pour lui de quoi imposer à ses hommes.

Mon grade et mon ancienneté encore bien faible ne me permettent pas d'insister davantage sur les qualités de l'officier. Si je l'essayais, je serais du reste conduit à envisager des questions plus politiques et sociales que militaires, et si embrouillées, si controversées que s'appuyant sur la recommandation adressée par Washington au Ministre de la guerre : « Pour faire des officiers, formez des gentlemen », les uns voudraient surtout chez les officiers, aussi bien de la réserve que de l'active, des qualités d'éducation et d'instruction générale, tandis que les autres voudraient avant tout des connaissances pure-

ment techniques et la routine journalière du métier de
troupier.

Quoi qu'on puisse penser à ce sujet, il est essentiel,
pour que l'homme de recrue ait confiance en ses officiers,
qu'il soit persuadé de leur préoccupation constante de
bien exercer leur commandement. Il est aussi de la plus
haute importance que leur impartialité et leur souci de
l'équité s'affirment à lui dans leur manière de punir et de
récompenser. Pour cela, il ne suffit pas d'être juste, il
faut encore proportionner la peine infligée au but éducatif
qu'elle doit atteindre comme à l'intérêt supérieur de la
discipline d'une part et, d'autre part, à la culpabilité de
l'homme, étant données les circonstances et sa manière
de servir habituelle. Lorsqu'un cheval ne répond pas à
l'action de la jambe, avec de petits coups d'éperon
timides, on n'obtient guère d'autre résultat que de le faire
ruer à la botte, tandis que le plus souvent, par une attaque vigoureuse, on le porterait en avant et le contraindrait
à l'obéissance. Il en est pareillement du soldat : les petites
punitions ne font que l'irriter sans l'amender. Aussi à
moins qu'il ne fasse preuve de mauvaise volonté, vice
qu'il faudrait écraser dans son germe même, on ne
recourra au châtiment vis-à-vis de lui qu'après avoir vai-
nement essayé des moyens moraux; mais alors on se rap-
pellera que l'homme appréhende surtout d'être puni tant
qu'il ne l'a pas été, et, pour lui conserver le respect de la
discipline, on lui en fera sentir toute la puissance.

Avec la mauvaise volonté il est un vice encore qu'il
faut réprimer très sévèrement et dès qu'il se montre,
c'est la tendance au mensonge. Ce triste penchant n'est pas
seulement contraire au sentiment de l'honneur et a souvent bien des manquements de toutes sortes pour conséquences; il empêche l'officier d'avoir confiance en ceux
qui en sont affligés et ne lui permet pas de trouver le
point sensible de leur cœur.

Ne parlant jamais à ses inférieurs avec une froide et

méprisante ironie, ce qui est bien la façon de les blesser le plus dans leur amour-propre et de soulever le plus de rancunes au tréfonds de leur être, le chef affectera au contraire d'être confiant vis-à-vis d'eux et de les croire remplis de bonne volonté, jusqu'à ce qu'ils aient commis une faute grave. Car l'homme est un peu ce qu'on le fait, et traiter constamment un soldat en vaurien c'est le plus sûr moyen d'en faire un chenapan. Souvent même, si l'on montre à l'ordinaire de la confiance à ses inférieurs, ce sera pour l'un d'eux une punition sérieuse que de lui faire voir, à la suite de quelque incorrection fâcheuse, que l'on n'a plus confiance en lui.

Afin de donner aux recrues, avec l'esprit de corps, le respect de leur uniforme, la fierté de remplir consciencieusement leurs obligations militaires, on les habillera aussi convenablement que l'on pourra, et, pour exciter leur émulation, pour encourager chez les hommes habituellement bien tenus le souci d'entretenir soigneusement leurs effets, c'est à ceux-ci qu'après les revues d'habillement l'on donnera de préférence les vêtements les plus neufs et les plus propres.

Pour ce qui est des autres récompenses, petites permissions, menus avantages, paroles d'éloge, etc..., l'officier les distribuera équitablement et de façon à toujours reconnaître, à toujours stimuler le mérite, mais sans oublier qu'en les prodiguant on leur enlève le principal de leur valeur. .

En se faisant tenir au courant des moindres événements, en exigeant qu'on s'adresse à lui pour tout ce qui est de son ressort, le chef montrera son souci du commandement. Il fera preuve de son respect de la discipline, non seulement en s'appliquant à exécuter de son mieux les ordres qu'il aura reçus, mais encore en évitant dans les ordres qu'il donnera de sauter par-dessus une des autorités au-dessous de lui dans la hiérarchie. Il achèvera de donner une haute opinion de son caractère en ne revenant jamais sans y être obligé sur une mesure qu'il aura prise ou sur une prescription qu'il aura faite. Dans ce but, il maintiendra inflexiblement les punitions qu'il aura portées en connaissance de cause, il soutiendra celles des réclamations de ses inférieurs qu'il croira justes et revendiquera pour lui la responsabilité de tout ce qu'il aura ordonné ou laissé faire. Il évitera dans les propos qu'il tiendra à ses soldats de jamais leur promettre plus qu'il ne pourra sûrement accorder. Quoi qu'il présente à ses supérieurs : troupe, chevaux ou matériel, il se fera scrupule de les induire le moindrement en erreur, lors même que ce serait pour flatter en eux l'inconscient désir de trouver tout bien. Dans les rapports qu'il aura l'obligation de leur adresser sur des objets importants, comme dans les réponses qu'il fera à leurs questions, surtout si c'est devant la troupe, il sera attentif à ne jamais dire la moindre inexactitude par légèreté ou étourderie, et, plutôt que de risquer d'aller contre la vérité, il avouera son ignorance. En un mot, il s'efforcera de parler et d'agir avec la plus entière loyauté, avec cette délicatesse de conscience, si rare, paraît-il, que malgré leurs prétentions à la fidélité et à la bonne foi, les Allemands en font la première qualité de l'officier chargé d'une reconnaissance[1].

Il prouvera à ses subordonnés le soin qu'il prend d'eux, en vérifiant s'ils perçoivent bien ce à quoi ils ont droit et en s'intéressant à leur bien-être. Pendant les manœuvres, maintes circonstances y seront propices, quand ce ne serait qu'en lui permettant de veiller à l'installation des cuisines, de s'assurer toutes les fois qu'on ne part pas par alerte, que les hommes ont mangé un peu de soupe ou bu du café chaud, avant le départ du cantonnement ; de chercher des

---

[1] *Leitfaden für den Unterricht in der Feldkunde auf den königlichen Kriegsschulen.*

lits. pour ceux qui seraient malades ou particulièrement fatigués, etc.... En garnison, il pourra pareillement leur témoigner toute sa sollicitude en visitant fréquemment les malades à l'infirmerie ou à l'hôpital et même en rendant à ces derniers quelques légers services, comme celui de donner de leurs nouvelles à leurs familles ; en temps d'épidémie, ces visites auront encore l'avantage de lui procurer l'occasion de montrer qu'il ne redoute pas de s'exposer au danger.

Tous ces conseils s'appliquent aussi bien à la manière dont le chef peut gagner la confiance des anciens que celle des recrues, mais à un degré moindre ; car ce sont les impressions initiales qui déterminent le caractère militaire de chaque soldat et sa façon de servir [1]. Ils s'appliquent encore à la façon de raviver le bon esprit, le sentiment du devoir, l'instinct du dévouement à la patrie et le culte de l'étendard chez les réservistes pendant leurs si courts séjours sous les drapeaux. Mais avec eux, il faut à l'officier plus de circonspection, plus de tact et en même temps de fermeté dans le commandement, quoique en général ils soient assez bien disposés, surtout dans la cavalerie. S'ils viennent d'un autre régiment ou même d'un autre escadron, il faut que leur instructeur se rende bien compte qu'ils peuvent avoir reçu des principes différents de ceux qu'il enseigne aux hommes de son peloton et qu'en outre ils ont pu être soumis à de mauvaises influences depuis leur libération, ou encore avoir perdu tout entraînement aux exercices violents. Plus qu'avec les hommes de l'active, il lui faut donc, chaque fois qu'il le peut, leur faire entrevoir la raison des ordres qu'on leur

---

[1] Aussi, contrairement, il est vrai, à bien des officiers de cavalerie, j'estime que la présence de l'officier est plus utile à l'arrivée de la classe, pendant le débourrage des recrues, que plus tard lorsqu'on leur apprend à se servir du mors de bride et à faire un emploi judicieux des aides inférieures.

donne, leur indiquer l'utilité de tout ce qu'on leur fait faire. Il faut surtout éviter de les laisser traîner inactifs dans la cour du quartier ou de les employer à des besognes non militaires, autrement ils ne verraient dans le dérangement qu'on leur impose qu'une corvée inutile, une brimade stupide. C'est parce que les officiers ne l'ont pas toujours compris suffisamment et n'ont pas eu toujours un sentiment assez profond de tout ce qu'il y a de moral dans leur tâche d'aujourd'hui que pour des motifs peu avouables et que je n'ai du reste pas à apprécier ici, tant de haine et de mépris pour l'armée ont pu être suscités et répandus dans certains milieux. Ce que pensent les réservistes de leurs périodes d'instruction ne laisse pas d'avoir une énorme importance, au point de vue de la défense nationale, puisqu'en cas de guerre l'armée ne serait qu'une faible partie de la nation armée et que celle-ci doit être le plus solide possible, le plus imprégnée de patriotisme, le plus confiante en elle-même et en ses chefs. Au point de vue seul de la valeur de l'armée active, il est encore nécessaire que, pendant le temps où les réservistes sont en contact avec nos hommes, ils ne détruisent pas dans leurs esprits le fruit de nos enseignements, comme il ne faut pas que plus tard ils envoient au régiment leurs fils révoltés par avance contre la discipline.

Comment développer la confiance de l'homme en lui-même et en ses camarades?

Je ne traiterai ici que de la manière d'instruire les recrues et de faire leur éducation dans la cavalerie, celle de toutes les armes où la valeur personnelle de l'homme a l'importance la plus haute, celle aussi où le soldat peut être employé en campagne des façons les plus différentes et possède l'armement le plus divers.

La confiance de l'homme en lui-même, en son cheval,

en son sabre ou en sa carabine, est à la fois le but principal de l'instruction individuelle et la condition la plus
indispensable à l'heureuse réussite des soins que les instructeurs y consacrent, comme des efforts qu'y font sans
répit les jeunes cavaliers. La complexité des actions et des
réactions que les forces physiques et les forces morales
exercent alternativement ou simultanément les unes sur
les autres en est cause. Pourvu qu'il ait conscience de sa
vigueur et de son habileté, un homme robuste et adroit
aura plus de confiance en lui-même pour exécuter un
travail périlleux qu'un homme chétif et gauche. Récipro-
quement, dans un exercice présentant un peu de danger,
un homme confiant se contractera moins et par suite sera
plus souple et plus habile qu'un homme sans confiance,
quelle que soit d'ailleurs la force et la volonté de ce dernier. Cette simple constatation, jointe à la remarque si
souvent faite que l'habitude produit la diminution de
l'effort nécessaire pour les actes corporels ou mentaux et
les rend peu à peu automatiques, voilà le principe de la
méthode à employer pour arriver à ce but double : avoir
des cavaliers adroits à manier à toutes les allures leurs
chevaux et leurs armes, en même temps que confiants
dans leur vigueur et leur adresse.

Il est bien plus vite fait de détruire la confiance que de
la faire naître; il faut donc au début procéder très douce-
ment avec les jeunes soldats et ne pas les effrayer par la
difficulté des exercices qu'on leur commande ou la fatigue
qui en résulte. Il faut encore éviter de les intimider en
leur parlant avec colère et en les menaçant de puntiions
graves pour les moindres fautes d'ignorance, de mala-
dresse ou d'étourderie. Avec eux ainsi qu'avec les jeunes
chevaux, il faut chercher tout d'abord l'apprivoisement,
l'acclimatement. Pour cela, comme l'expérience l'a si
clairement démontré au prince de Hohenlohe, il n'est
pas inutile de leur laisser un peu de tranquillité les premiers jours, de ne pas les faire monter à cheval tant

qu'ils n'ont pas leur tenue d'instruction. Il suffira, pen-
qu'on les habille et les équipe, de commencer à leur enlever l'appréhension du cheval, en leur apprenant les éléments du pansage ; leur instruction ne sera nullement
compromise, parce qu'on aura renvoyé leur première
leçon d'équitation au deuxième ou au troisième jour qui
suivra celui de leur arrivée au régiment.

Pour combattre la nostalgie qui se présente si souvent
chez les recrues au début de leur vie militaire, il faudra
les amuser avec des courses, des concours de saut, des
mouvements de gymnastique et d'assouplissement exécutés le plus possible à volonté. En entrecoupant ces exercices ou plutôt ces jeux de quelques ralliements, l'officier
commencera à inculquer à ses hommes l'idée de suivre
toujours leur chef et peu à peu obtiendra la mise en main
de sa troupe. En faisant suivre les rassemblements de
celle-ci par quelques mouvements exécutés au commandement et d'une manière de plus en plus serrée, de plus en
plus précise, il implantera graduellement cette confiance
collective, cette obéissance immédiate à certains mots, à
certains gestes toujours les mêmes, grâce auxquelles, dans
les circonstances graves, on peut rétablir l'ordre dans une
troupe sur le point de fléchir. Il n'est pas donné à tout le
monde de trouver pour ranimer les courages défaillants
des mots superbes de triviale beauté comme ceux de
Kléber en Égypte ou des paroles enflammées d'héroïsme
comme celles de Napoléon en Italie, en Moravie ou en
Belgique. Mais tant que, préférant à tout son honneur et
le salut de la patrie, l'on se domine assez pour rester au
péril et ne pas céder à ses émotions, il est presque toujours possible de proférer à propos les commandements
accoutumés. On le fera d'instinct comme l'escrimeur pare
inconsciemment les coups qui lui sont portés un peu vite
et riposte sans avoir besoin de le vouloir. De même, tant
qu'ils ne seront pas emportés par la panique les hommes
obéiront machinalement aux intonations habituelles, tels

des chevaux de troupe échappés sans leurs maîtres vont
au trompette qui sonne le ralliement. Que sous la menace
d'un danger pressant, l'on agisse ou non comme dans un
rêve, peu importait aux Allemands en 1870 ; ils attribuaient tant de valeur à l'habitude de répondre toujours
à la voix du chef par le geste qu'elle ordonne, que durant
les périodes d'inactivité, ils l'entretenaient par leur
« Drill » et leur « Parademarsch. »

Dans les premières leçons d'équitation, l'instructeur
apportera la plus grande attention à donner à ses cavaliers des chevaux en rapport avec leur conformation et
leur hardiesse. Une fois qu'il aura trouvé le cheval
qui convient à chacun d'eux, il le lui laissera pour que
l'homme éprouvant dans son assiette des réactions toujours semblables prenne plus facilement et plus vite confiance. Les séances au manège seront courtes et suivies
de promenades à l'extérieur où l'homme de recrue placé
entre des anciens se sentira à peu près en sécurité. En
bannissant toute contrainte de ces promenades ; en laissant les hommes causer, fumer et chanter, pourvu seulement que ce ne soit pas de ces soi-disant chansons rosses
qui font un idéal de l'abjection et de la turpitude ; en les
forçant à regarder le pays et à remarquer les passants,
on les distraira de leur cheval, on les égaiera ; et tandis
que leur corps s'accoutumera aux réactions de ce dernier,
l'appréhension du petit danger encouru s'évanouira peu
à peu et sera remplacée par un sentiment de plaisir et
de confiance.

Pendant ces promenades, l'officier prendra facilement
contact avec l'esprit de ses hommes et pourra efficaca-
cement exercer son influence éducative. Il montrera
ensuite à ses cavaliers quel soin il a d'eux et quel souci il
a de mener à bien sa mission d'instructeur en veillant
quelquefois en personne à ce qu'à la descente de cheval
les hommes dont les fesses ou les cuisses seraient un peu

échauffées se lavent avec de l'eau aseptisée par du phénol ou du thymol (médicaments simples, peu coûteux et qu'on peut confier à un brigadier). Convaincu du précepte suivant, inscrit dans le règlement autrichien : « Le meilleur instructeur est celui qui, en faisant faire aux hommes qui lui sont confiés des progrès relativement rapides, sait leur inspirer de la bonne volonté, de l'entrain, de la bonne humeur et les maintenir en bonne santé et en vigueur », l'officier, tout en ayant la préoccupation de mener l'instruction le plus promptement possible, évitera les blessures et le surmenage qui, en nuisant à la santé de ses hommes, nuiraient à leur ardeur et à leur zèle aux classes à cheval. L'influence du physique sur le moral, quelque énergie que l'on ait, a été trop de fois signalée pour que j'insiste là-dessus, et c'est à peine si j'ose rappeler à ce sujet l'exemple bien connu de Napoléon à la bataille de la Moskowa et à celle de Dresde.

Au bout de quelques jours, quand par des reprises courtes et tranquilles, des promenades longues dans la campagne, les recrues auront acquis une certaine confiance, il faudra augmenter les difficultés. Si, comme l'officier chargé d'un dressage est attentif à la nervosité de ses chevaux pour ne pas leur demander un travail difficile ou nouveau le jour où ils sont en l'air, l'instructeur a la précaution de tâter en quelque sorte fréquemment le pouls à l'âme collective de sa troupe et à l'âme individuelle de chacun de ses hommes, il pourra de bonne heure les habituer au galop. Ce sera soit à la longe, sur un cheval qui doit y être très bien dressé et tenu par un bon sous-officier, sous peine d'aller à l'encontre du but, soit encore en les faisant galoper derrière des anciens dans un chemin creux ou une bonne allée de forêt, de préférence en terrain montant légèrement pour que les réactions des chevaux soient plus douces et que ceux-ci tirent moins. Parce que plus on tarde à faire passer la barre aux jeunes cavaliers, plus cela leur semble extraordinaire de la sauter, plus le jour où on les mène dessus est pour eux une cérémonie intimidante, plus ils se contractent moralement et physiquement et par suite risquent la chute; dès les premières séances où ils seront au manège l'officier y fera placer la barre au milieu, d'abord par terre, puis un peu plus haut, et il dira aux cavaliers de la passer à volonté, en leur recommandant de rester sur la piste, s'ils ont peur. Il fera de même exécuter les divers assouplissements recommandés par le règlement à ceux uniquement qui ne manifestent pas d'appréhension. N'oubliant pas que la crainte n'arrive parfois que longtemps après la fin du danger qui la cause, il ne laissera jamais ses recrues sur une mauvaise impression et leur fera combattre la frayeur qui est sur le point de venir par l'heureuse exécution de ce qui allait la faire naître.

En exécutant tout d'abord soi-même ce qu'on veut faire entreprendre aux recrues, en le faisant répéter par les gradés et en s'adressant à l'amour-propre des hommes, on arrive très vite à ce que les plus maladroits et les plus craintifs d'entre eux serrent de près les plus hardis. Ainsi, depuis plusieurs années j'ai obtenu au bout de six semaines environ assez de confiance chez mes cavaliers pour que, sans y être forcés, la plupart enlèvent leur bourgeron au galop, pour qu'au pas ils fassent les ciseaux ou montent debout sur leurs chevaux, et pour que tous demandent à sauter les obstacles du terrain de manœuvres.

Des promenades à travers bois et à travers champs, dont l'officier graduera attentivement les difficultés d'après les progrès de ses hommes et leurs dispositions du jour, de petits exercices de service en campagne où les anciens figureront l'ennemi achèveront de leur donner confiance en leurs aptitudes équestres.

Plus encore que dans l'infanterie où l'on apprend au soldat l'escrime à la baïonnette uniquement pour lui donner l'esprit d'offensive, il faut que dans la cavalerie l'homme ait envie d'en venir à l'arme blanche et pour cela qu'il soit persuadé de l'efficacité de ses coups. Dans ce dessein, on le fera pointer et sabrer sur des mannequins tels qu'il puisse se rendre compte de l'effet qu'il aurait produit sur un adversaire vivant, par exemple sur des mannequins en terre glaise qu'il est possible de couper en deux avec un sabre bien affilé. Employé à cheval d'abord comme engin d'assouplissement, puis pour frapper des objectifs déterminés et construits de façon que le cavalier ne se fasse pas mal en leur portant des coups, le sabre deviendra bientôt assez familier à l'homme de recrue pour qu'il ait pleine confiance en son emploi et acquière du mordant.

Par les exercices d'escrime, on le convaincra vite que la meilleure parade du coup de sabre est le coup de pointe donné à propos, et on lui inspirera l'instinct de l'attaque. Si on est sabreur, en se servant du sabre contre la lance, on fera voir les désavantages de cette dernière arme et on ne parlera guère de ses avantages que pour indiquer le moyen de les éluder. Si, de plus, on est cuirassier, on fera comprendre l'invulnérabilité presque complète du cuirassier dans le combat de cavalerie, et grâce à quelques exemples historiques, comme celui de la bataille d'Eckmühl, on donnera à ses cavaliers la conviction de leur supériorité sur les hussards et les lanciers. Il ne faut cependant pas rabaisser la valeur de l'adversaire possible, car on risquerait d'exposer ses hommes à une défiance subite de leurs chefs et d'eux-mêmes, si dans un combat au lieu de voir l'ennemi tourner le dos avant la charge, comme ils s'y attendaient, ils le voyaient au contraire attaquer résolument. En Abyssinie, les Italiens ont perdu courage, parce que croyant trop à l'efficacité de leurs feux ; lorsqu'ils les virent impuissants à arrêter leurs ennemis, ils se trouvèrent dans la situation d'un homme qui, passant la nuit dans une maison réputée hantée, serait réveillé par l'apparition d'un fantôme, déchargerait sur lui son revolver, et le verrait lui rejeter au visage ses balles inoffensives. *Ce qu'il faut, c'est donner à ses cavaliers la persuasion absolue que la victoire appartient à celui qui est animé de la plus inébranlable volonté de vaincre.* Les Allemands l'ont compris, eux qui vantent sans cesse à leurs hommes la vaillance déployée en 1870 par les Français, faisant d'ailleurs ainsi bien mieux ressortir la bravoure que leurs propres troupes ont dû dépenser pour triompher d'eux.

En 1866, à Sadowa, le prince de Hohenlohe, en reconnaissant une position pour ses batteries, poussé trop loin et arrive sans s'en douter à quelques pas d'une ligne de tirailleurs autrichiens. Ceux-ci tirent sur lui et sur l'escorte qui l'accompagne : un seul des officiers qui la composent est touché. En 1881, à Chellala où elles furent, il est vrai, surprises, nos meilleures troupes d'Afrique dépensèrent 34,000 cartouches et 41 coups de canon pour mettre par terre 70 Arabes. Cela ne fait même pas un « pour cent » de 0,20. L'année suivante, à Chott-Tigri, où de leur côté la lutte fut mieux engagée, elles obtinrent un « pour cent » de 0,55. En 1870, avec un fusil tirant un peu moins vite, les feux avaient été légèrement plus efficaces. En 1891, pendant la guerre civile du Chili, à la bataille de Concon les congressistes armés du fusil Mannlicher à répétition n'obtinrent qu'un « pour cent » de 0,16; à Placilla, les dictatoriaux qui, avec le fusil Gras tiraient coup par coup, obtinrent 0,25 comme « pour cent ». Ces exemples prouvent avec la plus extrême évidence qu'au combat il ne faut guère compter sur le tir ajusté, que l'efficacité des feux décroît pour ainsi dire en raison de leur vitesse et qu'elle est tout entière soumise à l'influence du moral du tireur. C'est pour cela qu'aujourd'hui comme autrefois, des escadrons alertes et entreprenants pourront encore achever la déroute de l'infanterie ennemie ou porter le désordre dans ses colonnes.

Mais de ce que dans le tir collectif, dans le tir de guerre surtout, les causes de déviation du tir individuel s'exagèrent, il ne s'ensuit pas que l'on puisse impunément négliger l'instruction du tireur. Car celle-ci exerce la réflexion du soldat, développe chez lui le sang-froid, l'habitude d'être attentif à des prescriptions de détail et, en lui faisant acquérir une certaine adresse, elle lui donne confiance en son arme, le prépare à la discipline du feu et fait croître une bonne partie de ses aptitudes morales à la guerre. Cela n'est pas vrai seulement pour l'infanterie. Si paradoxal que cela paraisse, cela l'est aussi pour la cavalerie et peut-être avec plus de raison. Dans quelque circonstance de guerre qu'ils se servent de leurs carabines, les cavaliers seront toujours plus ou moins espacés, toujours plus ou moins abrités par le terrain et ses couverts; ils ne formeront pas, comme cela arrivera si souvent aux fantassins une ligne dense de tirailleurs se gênant les uns les autres et s'offrant en cible à l'ennemi; surtout ils ne seront pas comme ceux-ci soumis à l'énervement d'un combat longtemps prolongé, sous l'impression d'un danger croissant au fur et à mesure qu'il s'approche de sa phase décisive. Les effets de leurs feux se rapprocheront donc davantage de ceux du tir de polygone et l'importance de leur adresse individuelle, comme celle de l'habileté de leur chef, s'y feront donc plus fortement sentir.

Enfin, en exigeant du cavalier de la précision, de la rigidité même dans l'exécution des mouvements qui, tout en le préparant à l'emploi de sa carabine dans la bataille, ne sont que du maniement d'armes, en lui imposant aussi le respect le plus absolu du commandement « garde à vous », l'instructeur le fortifiera facilement dans le sentiment d'une discipline exacte et attentive, malgré l'apparente liberté qu'il lui laissera aux classes à cheval. Mais si explicites que soient le règlement ainsi que les cours professés dans les écoles de tir, il n'est pas inutile de dire ici quelques mots sur la manière dont il faut comprendre leurs préceptes sur l'instruction du tireur, comme d'ailleurs sur la façon dont il faut procéder dans tout enseignement théorique.

Trop souvent, en effet, les gradés et même les officiers oublient que le but de cet enseignement est essentiellement d'exercer l'intelligence du soldat, d'acérer son jugement, de le préparer à ce qu'il aura à pratiquer en campagne, et désireux, avant tout, de voir briller leurs recrues à une inspection, ils cherchent à obtenir d'eux la récitation machinale de définitions sans intérêt ou celle de nomenclatures ennuyeuses et encore plus inutiles. Or, pour que l'homme apprenne vite, il faut l'instruire en l'amusant, ou du moins en tenant son attention constamment éveillée; on n'y arrive qu'en lui montrant le but pratique de ce qu'on lui fait faire, en variant incessamment les théories et les exercices, enfin en bannissant toute contrainte de l'instruction. Quelle que soit d'ailleurs la manière de s'y prendre pour enseigner à l'homme la moindre chose un peu compliquée, comme par exemple, l'apparence que doit avoir le guidon dans le fond du cran de la hausse, lorsqu'il prend la ligne de mire, il faut s'assurer ensuite qu'il a compris et s'en assurer d'une façon en quelque sorte tangible, sans jamais se contenter de la répétition d'une phrase apprise par cœur.

Après des exercices préparatoires bien faits, après quelques tirs réduits exécutés avec le plus grand soin et dans de bonnes conditions, l'homme aura déjà confiance en son adresse et sera capable de se servir très utilement de sa carabine. C'est là un résultat qu'à cause du grand nombre de jeunes soldats, qui au début de chaque année encombrent nos escadrons, nous devons chercher à atteindre le plus vite possible, afin que, si la guerre éclate avant qu'ils soient mobilisables comme cavaliers du deuxième rang, on puisse au besoin les employer comme infanterie montée, en les encadrant de gradés de la réserve. On y parviendra d'autant mieux qu'ainsi que je l'ai vu faire sur le terrain de manœuvres de Tempelhof, dès le début de l'instruction, on se rapprochera davantage de la réalité dans l'exécution des divers exercices, on fera mieux utiliser par le tireur les abris du terrain, on le fera tirer sur des buts plus semblables à ceux de la guerre.

L'homme aura pleinement confiance en sa vigueur physique, lorsqu'il aura supporté des fatigues et des privations, aux souvenirs desquelles il s'enorgueillira plus tard, comme au souvenir de périls affrontés. Il faudra donc lui en faire endurer quelques-unes. Pour les motiver, rien ne serait plus simple que de ne pas neutraliser les convois pendant certaines journées, au cours des grandes manœuvres, par exemple la veille des jours de repos. Il en résulterait infailliblement des retards considérables dans les distributions et, à condition que tout le monde, officiers et soldats, souffre à peu près également, ce qui serait facile à assurer en faisant bivouaquer une partie de la nuit, la leçon ne pourrait être que salutaire. En chargeant les hommes de missions individuelles les obligeant à parcourir de longues distances, on peut du reste arriver à peu près aux mêmes résultats.

Il ne suffit pas que l'homme ait confiance seulement en la force brutale qu'il peut lui-même déployer. Il faut encore qu'il ait confiance en celle des camarades à côté de qui il combattra et pour lesquels il devra se dévouer, comme eux-mêmes devront exposer leur vie pour le secourir au besoin. Cette confiance lui viendra, lorsqu'il saura chacun d'eux vigoureux, fier et ardent à la lutte, et plus elle sera grande, plus lui-même sentira croître sa confiance en ses forces.

Il faut enfin que l'homme ait confiance en sa propre intelligence, en sa propre habileté à se tirer des mauvais pas. Les exercices de service en campagne où il apprendra à observer sans trop se faire voir, à marcher avec prudence afin d'éventer les embuscades, à échapper à une poursuite en se cachant dans un fourré ou en gagnant de l'espace par un bon temps de galop y contribueront efficacement.

S'il a la bonne fortune d'être dans une garnison où il y a de l'infanterie, rien ne sera plus facile au chef de peloton que de s'entendre avec un officier de cette arme pour une petite manœuvre de quelques minutes. Il en trouvera tant qu'il voudra qui seront enchantés, pour habituer leurs hommes à se former rapidement contre une attaque de cavalerie et à garder tout leur calme devant elle, à donner à un camarade cavalier l'occasion d'une charge exécutée à l'improviste. Alors quand après avoir parcouru cinq ou six cents mètres à un bon galop, le peloton en fourrageurs arrivera sur la fraction d'infanterie qu'il assaille, son chef demandera tout haut au commandant de cette dernière, combien les fantassins auraient pu tirer de coups de fusil. Puis, pour ne pas risquer d'affaiblir la confiance des soldats d'infanterie en eux-mêmes, il emmènera ses cavaliers à quelque distance et leur montrera combien ils auraient eu de chance d'échapper aux coups de leurs adversaires et de les sabrer avant qu'ils eussent eu le temps de se remettre de leur surprise, de se déployer en tirailleurs et de faire un feu efficace.

Dans des manœuvres cavalerie contre cavalerie des occasions semblables s'offriront soit sur le champ de Mars, soit à travers pays. Si le mouvement entrepris ne réussit pas ou si l'ennemi est plus nombreux, qu'en parlant à ses hommes l'officier tienne compte de leur vigueur et de leur bravoure, et ceux-ci n'en auront pas moins confiance en lui et en eux. Qu'il agisse encore de même lorsque instruisant les gradés ou les cavaliers sous ses ordres, il rectifiera les fautes commises; qu'en toutes circonstances il s'applique alors à faire surtout ressortir dans des critiques toujours bienveillantes ce qu'ils ont bien fait et à donner à ses observations un caractère d'encouragement, n'oubliant pas que, comme l'a dit de Brack, l'effet moral est pour les trois quarts dans la force de la cavalerie.

Éducation des sentiments d'où résulte la bonne discipline.

La subordination à la volonté du chef ne doit pas être uniquement l'effet de l'assuétude et de la contrainte; autrement l'enseignement de l'obéissance risquerait d'aller à l'encontre de son but ultime, qui est avec la force de l'armée la grandeur de la patrie. Pour ne citer que celles-là, les émeutes faites depuis 1893, à plusieurs reprises, en Italie, par les *Fasci Siciliani* ont nettement démontré que l'éducation militaire devait avoir pour fondement l'éducation nationale, sous peine de s'exposer à ce que l'homme se laisse conduire par toute idée organisatrice quelle qu'elle soit et suive sans réflexion tout mot d'ordre dicté par une pensée plus énergique que la sienne [1].

Patriotisme, fidélité à l'étendard, sentiments d'honneur et de devoir, esprit de corps, initiative, camaraderie et bonne humeur sont du reste les meilleurs adjuvants au développement d'une bonne discipline agissante. Mais ces qualités ne peuvent être cultivées chez le soldat par des procédés purement matériels. Pour les implanter dans son âme, il faut, si extraordinaire que cela paraisse, que l'instructeur, empruntant un peu leurs procédés aux pédagogues, s'adresse à son esprit et parle à son cœur. Or ceci il ne peut le faire que dans ce qu'on est convenu d'appeler les théories morales. Négligées d'habitude,

---

[1] Voir *Olivieri Sangiacomo*, Psicologia della caserma.

parce que les efforts faits pour produire l'éclosion des vertus guerrières chez l'homme de troupe ne se constatent pas aux inspections, ces théories, lorsqu'on les fait, si par hasard les supérieurs en reconnaissent et en prônent l'utilité, sont généralement mal faites. Car alors instructeurs et sous-instructeurs voulant surtout que leurs hommes répondent convenablement si on les interroge, font des théories sur la patrie et l'honneur, comme ils en feraient sur la ligne de mire ou la nomenclature du mors de bride. Et mieux vaudrait n'en pas faire, si l'on ne s'en sert que pour fourrer dans la tête des troupiers des formules et des définitions qu'ils ressortiront un jour d'inspection. Ce n'est pas de la sorte qu'on peut éveiller et attiser les instincts généreux, les nobles penchants. On ne peut pas non plus indiquer sur le tableau de travail le jour et l'heure où l'on s'appliquera à inspirer aux hommes le sentiment du devoir ou la fidélité à l'étendard ; ce serait aussi contraire à la raison que de préciser à l'avance le jour où l'on mettra son cheval au changement de pied. C'est seulement quand l'occasion y est propice et que la disposition morale des soldats y est favorable qu'on peut s'adresser avec succès aux passions les plus hautes de leur cœur. Ces moments sont faciles à trouver pour un officier ayant un peu d'expérience et de tact, cherchant à rester constamment en communion avec l'esprit général de sa troupe. Afin de fixer les idées, je vais néanmoins indiquer dans une sorte de progression quelques circonstances où ces enseignements pourront être efficaces et la nature des idées qu'il convient d'y exposer.

A l'arrivée des recrues, on réunira les gradés et les anciens, on fera appel à leur bon esprit, on leur dira que leurs chefs attendent d'eux qu'ils les aideront dans leurs fonctions d'instructeurs en initiant rapidement les recrues à tous les petits détails du service ; on s'efforcera de faire comprendre aux anciens que cette mission qui leur est confiée exige d'eux une bonne discipline et une tenue parfaite ; on les préviendra que, s'ils ont par le fait de la tâche qu'on leur demande d'accomplir une certaine autorité sur les recrues, ils n'ont pas le droit de les brimer, et que s'ils se laissaient aller à la moindre vexation à leur égard, ils seraient sévèrement punis. On fera venir ensuite les recrues, on leur dira que si elles sont au régiment c'est pour apprendre le métier de soldat et se préparer à combattre pour la patrie si l'ennemi la menace ; on les avertira que si l'on compte principalement sur leur bonne volonté, on saura au besoin les faire obéir bon gré mal gré ; on leur lira le Code pénal, mais on ajoutera que, si sévères que soient les châtiments qu'il édicte, il n'y a pas lieu de s'en effrayer, puisqu'un bon soldat peut n'être jamais l'objet d'une punition, et on leur citera des anciens en exemple ; on terminera en faisant appel à leur amour-propre, en invoquant leur énergie, en manifestant l'espoir qu'elles trouveront dans leur sentiment du devoir la force de supporter vaillamment et gaiement les petites misères du métier.

Quatre ou cinq jours après, on assistera un instant à une des théories faites par les gradés sur les principes de la subordination et les marques extérieures de respect ; on demandera à un homme s'il a compris le pourquoi des règles qu'on vient de lui apprendre, et on profitera de l'occasion pour montrer à l'aide de faits historiques et de comparaisons avec les circonstances de la vie civile, combien la discipline est une nécessité absolue de la puissance des armées ; l'on fera continuer la théorie par celui des gradés qui l'avait commencée et l'on s'en ira.

Un peu plus tard, au cours d'une théorie où le hasard le fera venir, l'instructeur, par des questions posées à dessein, amènera peu à peu les sous-officiers et les brigadiers à demander à leurs hommes quels sont les devoirs du soldat. Puis, prenant lui-même la parole, il les leur précisera, il leur expliquera pourquoi ils doivent les accomplir entièrement, il leur dira quelles sont les conséquences de la défaite et de l'invasion par l'ennemi aussi bien pour le pauvre qu'elles privent de travail que pour le riche dont elles diminuent les revenus. Il racontera à grands traits les gloires et les misères de la France, ses défaillances et ses relèvements; il fera sentir à ses jeunes cavaliers combien ils tiennent à elle, même à leur insu, par leur famille, leur langue, leurs coutumes, leur amour du coin natal, leurs aversions ou leurs aspirations. Il leur exposera que favorisée par la nature et plus avancée en civilisation, la France est enviée par la plupart des autres nations, que par suite, il faut toujours être prêt à concourir à sa défense, afin d'éviter des désastres comme ceux de 1870.

Vers le moment où le colonel devra présenter l'étendard aux recrues, il faudra retracer à celles-ci le passé du régiment et magnifier ses hauts faits. Par exemple, si comme nous on sert au 12⁰ cuirassiers, on leur dira ce que furent autrefois les compagnies d'ordonnance, les régiments du Roi et la Garde impériale, et comment le régiment, formé avec les premières, fit partie successivement de ces troupes d'élite. On leur parlera du passage du Rhin, de Steinkerque et de Malplaquet : on leur racontera la bataille de Hohenlinden, où le régiment s'est couvert de gloire. On expliquera pourquoi les victoires d'Austerlitz et d'Iéna sont inscrites sur l'étendard bien que le régiment y ait à peine combattu, on leur fera comprendre la portée de ces triomphes de nos armes et quel rôle prodigieux la cavalerie a joué après Iéna. On fera un bref récit de la bataille de la Moskowa et de l'enlèvement de la grande redoute par la grosse cavalerie. On rapportera quelle terreur profonde les cuirassiers avaient inspirée aux Russes, on relatera leur héroïsme et leur dévouement à Essling, à Waterloo, à Reichshoffen, à Rezonville, tout cela sans phrases, sans effets oratoires, avec des expressions de troupier au besoin. On citera les officiers et les cavaliers qui se sont le plus distingués par leur intrépidité ; on s'efforcera de convaincre les recrues de l'honneur qu'elles ont de servir dans un régiment qu'on leur représentera comme le meilleur de la cavalerie française, de même que leur escadron et leur peloton doivent être considérés par eux comme les plus vaillants du régiment.

Ces deux ou trois théories suffiront comme théories morales dans les chambres. Mais, pendant les promenades à l'extérieur, lors des repos pied à terre, au lieu de toujours questionner sur l'orientation et sur les noms des villages traversés, un jour si, comme nous, on est en garnison à Lunéville, on profitera de ce qu'on a marché sur la route de Strasbourg pour demander à ses soldats ce qu'est cette ville, et pour leur faire comprendre toute l'étendue de la perte que nous avons éprouvée lors du traité de Francfort. Une autre fois, la statue de Lasalle, devant laquelle on sera passé, servira de prétexte pour causer avec un homme et avec ses voisins des fabuleux exploits de ce général, puis de Metz sa ville natale, de Fabert, de Ney, de Drouot et de tant d'autres soldats nés sur cette terre de Lorraine, théâtre des batailles futures, comme elle l'a été des combats passés. Si on sait éviter le ton pédagogique et si on parle avec conviction et bonhomie, on verra vite ceux des cavaliers qui ne sont pas occupés à tenir les chevaux s'approcher et, eux aussi, tendre l'oreille. Suivant le temps dont on disposera et suivant l'occasion, on évoquera le souvenir des soldats qui se sont le plus illustrés par leur courage et leur dévouement : sergent Pascal, envoyé par Chevert à l'escalade des murs de Prague ; sergent Dubois, mourant avec d'Assas en avertissant de la présence de l'ennemi ; fourrier Calame, s'emparant avec sept cavaliers d'un convoi gardé par un nombreux détachement autrichien, en 1796 ; dragon Dauvert, triomphant de quatre mamelouks à Naplouse ; chasseur Vallé allant détruire les préparatifs de défense faits par l'ennemi à Dantzig ; sergent Villart et lancier Jeannot sauvant une pièce de canon abandonnée, en 1870, dans la retraite de Saint-Lyé sur Orléans, et combien d'autres des guerres de la Révolution et de l'Empire, des campagnes d'Algérie, de la guerre franco-allemande ! Pour montrer que l'ennemi lui-même n'oublie pas le nom de ceux qui furent braves entre les braves, on pourra même raconter la mort héroïque du Piémontais Micca se faisant sauter avec les Français qui allaient donner l'assaut à Turin, ou le dévouement du soldat Pott, se traînant malgré ses blessures, sous le feu des francs-tireurs qui avaient détruit le pont de Fontenoy, pour faire des signes de détresse à un train militaire allemand.

Quand on aura épuisé l'un après l'autre, la plupart des sujets qui peuvent servir à exalter chez les recrues l'amour de la patrie, l'esprit de corps, la fidélité à l'étendard, on attendra que les circonstances conduisent d'elles-mêmes à répandre de nouveau quelque enseignement moral. Les fautes commises dans le peloton contre la discipline, la camaraderie ou l'honneur, les événements graves dont parle la décision ; enterrements d'hommes du régiment, désertions, condamnations, parades d'exécution, ou au contraire, actes de probité, de courage et de dévouement ; telles seront ces occasions. Tantôt on s'adressera à un seul, tantôt à tous, mais toujours on s'ingéniera à renforcer dans la pensée de ses subordonnés les idées purement abstraites, par quelque représentation matérielle, par quelque sentiment concret et touchant au fond même de leur cœur. On s'efforcera d'augmenter chez les cavaliers et surtout chez les gradés l'esprit d'initiative et l'énergie du caractère. On tâchera de leur faire comprendre jusqu'où ils doivent et peuvent agir d'eux-mêmes, comme à partir de quel moment ils n'ont plus qu'à obéir strictement et à la lettre ; on cherchera à développer et à régler les qualités personnelles et spontanées

de chacun d'eux de façon à pouvoir l'employer d'après
ses aptitudes particulières.

Tout ce que je viens de dire de la manière d'éveiller
chez le cavalier les sentiments qui feront que des chefs
seront en droit d'avoir confiance en lui, s'applique surtout
à ce que l'officier de peloton peut entreprendre et à ce
qu'il peut obtenir lui-même. Les sous-officiers n'ont habituellement ni assez de connaissances générales, ni assez
de sens psychologique, ni assez de réelle élévation d'esprit pour savoir faire autre chose que relever une bonne
volonté défaillante ou ranimer un courage rebuté par une
série de petites misères. Il est vrai que c'est déjà beaucoup. Quant au capitaine-commandant, il est trop au-
dessus des simples cavaliers pour qu'il puisse s'adresser
à leur esprit et à leur cœur autrement qu'à propos de
faits d'une gravité exceptionnelle ou aux anniversaires
des batailles inscrites sur l'étendard. Mais dans ces dernières circonstances, il peut, en faisant distribuer une
ration de vin aux hommes, compléter la leçon morale par
une leçon matérielle à laquelle le plus grossier des troupiers ne sera pas insensible [1].

Pour ce qui est des conférences, à la mode depuis quelques années dans certains régiments, elles peuvent être
aussi de quelque utilité éducative. Seulement il ne faut
pas trop compter sur leur efficacité ; en dehors d'une
élite qu'elles peuvent intéresser, la plupart des auditeurs
n'y assistent pas avec beaucoup de goût, n'y comprennent
pas grand'chose et ne sont pas touchés par les paroles du
conférencier qui presque forcément emploie un ton trop
pompeux et trop dogmatique pour les intelligences
incultes.

---

[1] Pour cette raison, il me semble que les fêtes de régiment devraient
toujours avoir lieu de façon à commémorer une des batailles inscrites sur
l'étendard.

Quel que soit d'ailleurs le procédé auquel on ait recours pour élever le moral du soldat, il ne faut pas oublier que *la meilleure des leçons est l'exemple* et qu'*avant de vouloir éveiller l'âme du troupier aux sentiments généreux, il faut avoir fait passer ces sentiments dans l'âme de ses gradés*, les y avoir fait prendre racine.

En utilisant la vue répétée de devises héroïques, d'images représentant les exploits du régiment ou d'autres troupes françaises, et que l'homme aura constamment sous les yeux à la chambre ou au réfectoire, il est encore aisé parfois d'exercer sur lui une influence salutaire, grâce à une action suggestive pareille à celle que la réclame commerciale demande à la multiplicité de ses affiches. Dans le même but, il est possible d'organiser des bibliothèques pour la troupe, et cela très facilement et à peu de frais[1].

---

[1] Après un premier essai fait en 1894, pour organiser dans mon peloton une petite bibliothèque, beaucoup des livres qui la constituaient disparurent pendant une absence que je fis par suite d'un détachement au service géographique. Cet essai, que d'autres auraient trouvé malheureux, je l'estimai réussi, pour cette raison que les livres qui avaient disparu étaient ceux que j'estimais les plus faits pour développer le patriotisme de mes hommes. J'organisai presque aussitôt avec l'officier de peloton voisin une nouvelle bibliothèque. Elle comprenait surtout des livres comme les *Héros de Camaron*, de l'abbé Lanusse; l'*Histoire de la guerre de* 1870, du général Niox; les *Vertus guerrières*, du général Thoumas; le *Drapeau*, la *Frontière*, de Claretie; les poésies de Paul Déroulède; l'*Historique du Régiment; Français et Allemands*, de Dick de Lonlay. Quelques ouvrages d'instruction générale se trouvaient au milieu d'eux. Un système de contrôle permettait de savoir quels étaient les volumes les plus lus, ce furent surtout les récits de combats et les livres d'inspiration patriotique; l'hippologie n'avait de l'attrait que pour les sous-officiers. Quant à la géographie, elle n'en avait pour personne.

Depuis que cette annotation, comme le texte auquel elle se rapporte, a été écrite, l'expérience de la direction et de la surveillance d'une bibliothèque de régiment m'a encore montré que les livres scientifiques présentaient peu d'intérêt pour des cavaliers qui ont bien employé leur

Rien toutefois, ne se prête mieux à développer l'amour du drapeau et l'esprit d'offensive que la contemplation des lieux où se sont accomplies de grandes choses, où s'est joué le sort de la patrie. Malheureusement tous ne peuvent en profiter également, car ce sont les champs de bataille où, malgré d'héroïques prouesses, nos soldats ont succombé en 1870 qui présentent le spectacle le plus poignant, et la vue la plus émouvante est celle de cette frontière loin de laquelle nos étendards ont si souvent pris leur vol glorieux. Et s'il m'était permis d'évoquer ici mes émotions personnelles, je dirais celle que j'éprouvai un jour à écouter mon lieutenant-colonel retracer du haut du clocher de Mars-la-Tour la bataille de Rezonville ; je dirais aussi quelle confiance en notre force et quel regret que cela ne fût pas pour de bon mes camarades et moi nous eûmes bien des fois, quand, le général de Cointet nous emmenant vers l'Est sur les plateaux d'Ancerviller et d'Harboucy, nous entendions le battement rythmique des pieds des chevaux sur les routes sonores et voyions devant nous, dans le ciel pâle des matins de printemps, la silhouette de ces Vosges, que tant de fois nous avions rêvé de franchir en vainqueur, apparaître avec la teinte bleuâtre des Ne-m'oubliez-pas.

-----

journée à des exercices militaires ; j'ai de même pu me convaincre encore plus de la difficulté de faire des conférences d'ordre général susceptibles d'intéresser à la fois des jeunes gens d'esprit cultivé et des jeunes gens presque illettrés.

TABLE DES MATIÈRES

PARIS. — IMPRIMERIE R. CHAPELOT ET C⁰, 2, RUE CHRISTINE.